KB204269

소선지서 강해설교

요나

———

박 넝쿨의 사랑

소선지서 강해설교

요나

박 넝쿨의 사랑

김서택 지음

홍성사

정의와 사랑의 갈등

요나서는 짧지만 내용이 아주 재미있고 극적인 구성이 특징적인 성경입니다. 특히 소선지서 중에서는 유일하게 거의 대부분의 내용이 이야기체로 되어 있어서, 어린아이부터 어른에 이르기까지 누구나 은혜를 받을 수 있는 성경이기도 합니다.

요나 선지자는 자신의 내면에서 일어나는 변화를 조금도 숨기지 않고 있는 그대로 표현함으로써, 자신의 이기적인 태도와 하나님의 한없는 사랑의 대비를 가감 없이 드러내고 있습니다. 저는 모든 설교자들이 요나 선지자처럼 정직해야 한다고 생각합니다. 그러나 현실적으로 우리 설교자들은 그렇게 정직해지기가 어렵습니다. 선교를 하거나 목회를 하는 사람이 자기 속에 있는 것들을 솔직하게 다 털어놓는다면 모든 이들이 충격을 받을 뿐 아니라 교회에도 덕이 되지 않을 것입니다. 그럼에도 불구하고 요나의 심정만큼은 모든 목회자가 공유해야 한다고 생각합니다. 아무리 위대한 하나님의 일을 하는 사람이라도 그 마음 깊은 곳에는 다 유치한 이기심이나 물질적인 욕심을 가지고 있습니다. 언젠가는 우리도 요나처럼 솔직한 고백이나 설교를 할 수 있어야 할 것입니다. "저는 하나님의 일을 한다고 하면서도 이기적인 생각으로, 엉뚱한 욕심으로 할 때가 있었습니다. 오직 하나님의 은혜가 제 욕심대로 되지 않게 하시고 모든 것을 아름답게 이루셨을 뿐입니다"라는 고백을 할 수 있어야 할 것입니다.

요나서에는 하나님의 부르심과 선지자의 거부 및 도주의 이야기가 있습니다. 하나님의 손에 붙잡혀 죽음을 눈앞에 둔 선지자가 물고기 뱃속에서 필사적으로 기도하는 내용과 두 번째 소명을 받아 니느웨에 큰 부흥을 일으키는 내용도 있습니다. 요나는 그 부흥의 와중에서도 작은 이기적 욕망에서 벗어나지 못하는 자기의 심리를 있는 그대로 보여 줍니다.

요나서에서 무시할 수 없는 주제가 있다면 그것은 '정의'입니다. 요나는 악한 자는 하나님의 심판을 받아야 하며 의로운 자는 하나님의 축복을 받아야 한다고 생각했습니다. 그런데 니느웨는 어느 면에서 보아도 용서받을 수 없을 만큼 악한 성이었습니다. 따라서 요나는 니느웨가 심판을 받아 멸망하는 것이야말로 정의라고 생각했습니다. 그는 니느웨를 구원하시려는 하나님의 계획을 불의한 것으로 여겼습니다. 그래서 처음 하나님의 명령을 받았을 때 불순종하여 도망쳤고, 니느웨 성에 가서 설교한 후에도 그들의 회개를 기뻐하기는커녕 그것이 거짓된 것이기를 바랐으며, 결국 그들이 하나님께 용서받지 못하고 망하는 것을 보기 위해 성 밖에서 기다렸습니다. 니느웨 사람들이 자기들에게 복음을 전해 준 이 위대한 선지자가 마음속으로는 이처럼 자기들의 멸망을 간절히 바라고 있었다는 것을 알았다면 얼마나 실망했겠습니까?

그때 하나님은 작은 박 넝쿨을 통해 요나를 깨우쳐 주셨습니다. 하나님은 요나의 정의감이 지닌 두 개의 얼굴을 보여 주셨습니다. 입으로는 정의를 내세웠지만 실제로는 자기 소유도 아닌 박 넝쿨 하나에 집착하는 것이 요나의 실상이었습니다. 요나가 그렇게 대단한 정의감을 가지고 있었다면 박 넝쿨 같은 것은 아무렇지 않게 여겼어야 마땅합니다. 그러나 그는 그렇게 하지 못했습니다.

하나님이 정의보다 더 중요하게 여기시는 것은 사랑이고 용서입니다. 만약 하나님께서 우리처럼 좁은 마음을 가지고 계시다면 우리 중에 구원받을 사람은 아무도 없을 것입니다. 사랑은 이기적인 정의의 법칙을 뛰어넘습니다. 오늘날 많은 사람들이 부르짖는 정의는 두 얼굴의 정의, 위선적이고 이기적인 정의입니다. 이런 점에서 볼 때 요나서는 이방인 선교라는 측면에서도 중요한 말씀이지만, 입으로는 정의를 내세우면서도 실제로는 자기 이익을 챙기느라 많은 갈등을 일으키고 있는 우리 사회에도 꼭 필요한 말씀이라고 생각합니다.

이 부족한 설교집을 더 많은 성도들과 나눌 수 있도록 수고해 주신 홍성사 여러분들에게 진심으로 감사를 드립니다.

2003년 1월
대구 수성교 옆에서

김의택

차 례

1

도망치는 선지자

요나 1:1-3

1:1 여호와의 말씀이 아밋대의 아들 요나에게 임하니라. 이르시되
  2 "너는 일어나 저 큰 성읍 니느웨로 가서 그것을 쳐서 외치라. 그 악독이
    내 앞에 상달하였음이니라" 하시니라.
  3 그러나 요나가 여호와의 낯을 피하려고 일어나 다시스로 도망하려 하여
    욥바로 내려갔더니 마침 다시스로 가는 배를 만난지라. 여호와의 낯을
    피하여 함께 다시스로 가려고 선가를 주고 배에 올랐더라.

1:1-3

우리는 남들보다는 그래도 내 가족이 잘되기를 바라는 마음을 가지고 있습니다. 그래서 주변 사람들은 대학에 다 떨어져도 내 아들이나 딸만 붙으면 기뻐하는 경향이 있습니다. 이런 경향은 생명과 관련된 영역에서 더 심각하게 나타납니다. 예를 들어 큰 대형사고가 일어난 현장에 내 가족이 있었다고 합시다. 다른 이들이 살아 나오는 것을 볼 때, 한편으로는 반가운 마음이 들면서도 다른 한편으로는 '저 사람이 아니라 내 자식이 살아 나오는 것이라면, 내 아내가 살아 나오는 것이라면 얼마나 좋을까' 하는 마음이 드는 것을 어쩔 수가 없습니다. 더구나 내 가족은 죽고 다른 사람들은 살아났을 때의 심정은 이루 말할 수 없이 착잡할 것입니다. 차라리 전원이 다 죽었다면 아쉬움이나 안타까움이 덜할 텐데, 살아난 사람들이 있기 때문에 더 마음이 아플 수 있습니다.

이런 경향은 영적인 영역에 이르러 더 심각해집니다. 내 가족이나 내 교회나 내 민족은 신앙에 관심도 없고 깊이 침체되어 있는

데 다른 사람들 사이에서는 큰 부흥의 역사가 일어나는 것을 볼때, '저런 부흥은 우리 집, 우리 교회, 우리나라에서 일어나야 하는데' 하는 마음이 들면서 남의 부흥을 순수하게 기뻐할 마음이 별로 생기질 않습니다.

오늘 말씀을 보면, 한 위대한 선지자가 죄를 지은 이방 나라에 가서 복음을 전하라는 하나님의 말씀에 불순종하여 도망치는 모습이 나옵니다. 그 선지자의 이름은 요나입니다. 단순하게 생각하면, 하나님의 명령을 거역한 요나의 완악함과 불순종을 비난해야 마땅할 것 같습니다. 그러나 하나님의 뜻을 조금만 깊이 생각해 보면, 요나가 자기 민족의 영혼 문제를 놓고 얼마나 깊이 고민한 끝에 도망친 것인지 이해하게 됩니다.

요나서의 배경

요나서는 "여호와의 말씀이 아밋대의 아들 요나에게 임하니라"는 말씀으로 시작됩니다. 이 아밋대의 아들 요나는 다른 성경에도 등장합니다. "이스라엘 하나님 여호와께서 그 종 가드헤벨 아밋대의 아들 선지자 요나로 하신 말씀과 같이 여로보암이 이스라엘 지경을 회복하되 하맛 어귀에서부터 아라바 바다까지 하였으니"(왕하 14:25). 이것을 보면 요나가 아주 중요한 예언을 했으며, 실제로 그 예언이 성취되었다는 사실을 알 수 있습니다. 그 예언의 내용은 이스라엘이 다시 부강해진다는 것이었습니다. 그 예언대로 여로보암 2세는 국력을 회복하여 하맛 어귀부터 아라바 바다, 즉 사해가 있는 곳까지 영토를 확장시켰습니다. 그 규모는 솔로몬 시대의 영토에 맞먹는 것이었습니다.

그런데 하나님은 이처럼 이스라엘을 부강하게 해 주시는 한편, 요나를 이스라엘의 원수 나라인 앗수르로 보내 그 수도 니느웨의 백성들을 회개시키고자 하셨습니다. 이스라엘은 지금까지 굉장히 궁핍하게 살았습니다. 그러다가 여로보암 2세 때에 이르러 비로소 잘살기 시작했고, 상대적으로 앗수르의 힘은 크게 약화되었습니다. 그런데 하나님은 요나를 통해 앗수르를 회개시킴으로써 그들의 힘을 다시 키우고자 하신 것입니다.

하나님은 왜 한편으로는 이스라엘을 갑자기 부강하게 하시면서 다른 한편으로는 요나를 앗수르로 보내시는 것일까요? 이스라엘이 잘살게 된 것은 하나님이 그들을 기쁨으로 축복하신 결과가 아니었습니다. 그것은 일종의 극약처방이었습니다. 개인이 죄를 지으면 그것이 죄라는 것을 금방 알 수 있습니다. 그러나 집단이 죄를 지으면 그것이 죄라는 것을 깨닫기가 어렵습니다. 죄의 책임이 분산되어 버리기 때문입니다.

예를 들어 개인이 누군가를 죽이면 온 사회가 들고일어나 그를 정죄합니다. 살인이 나쁜 짓이라는 것은 너무나도 명백한 사실이기 때문입니다. 그러나 한 나라의 군대가 적지에 투입되어 무고한 양민을 집단적으로 학살했을 때에는 그 범죄 사실이 은폐되는 경우가 많습니다. 가담한 사람들도 입을 다물어 버리고, 국가도 그것을 캐내려 하지 않습니다. 마찬가지로 개인이 하나님을 떠나 우상을 섬기면, 그의 배교 사실을 다른 사람들이 금세 알아차립니다. 그러나 교회가 집단적으로 하나님의 말씀에서 떠날 때에는 잘 알아차리지 못합니다. 예배는 여전히 드리고 있고, 헌금도 바치고 있으며, 봉사도 열심히 하고 있기 때문입니다. 그래서 한 개인이 교회에 발길을 끊는 것보다 교회가 집단적으로 말씀에서 떠나는 것이 훨씬 더 무서운 일이라는 사실을 모른 채 그대로 방치해 둘 때가 많이 있습니다. '예배에 좀 은혜가 없고, 사람들이 좀 강퍅해서 모이면 잘 싸우는 게 문제지만 뭐 어쩌겠어'라고 생각하는 것이 고작일 뿐, 지금 자신들이 얼마나 위험한 곳을 향해 떠내려가고 있는지 느끼지 못할 때가 너무나 많습니다.

이스라엘에서는 위에서부터 조직적으로 배교가 이루어졌습니다. 왕과 제사장과 선지자가 결탁하여 조직적으로 하나님의 말씀을 떠났습니다. 그러니까 백성 한 사람 한 사람은 배교를 하면서도 배교하는 줄 몰랐고, 죄를 지으면서도 죄짓는 줄 몰랐습니다. 모든 사람들이 그렇게 종교 생활을 하니까 그것이 맞는 줄 알고 넘어갔습니다.

하나님은 그들을 깨우치시려고 수많은 방법으로 징계하셨습니다. 그러나 그들은 끝까지 버티면서 하나님께 돌아오지 않았습니다. 징계를 받고 하나님께 돌아오는 사람들은 그래도 뭘 아는 사람들입니다. 대부분의 사람들은 징계를 받으면서도 왜 그런 징계를 받는지 모른 채 '내 머리가 깨지나 하나님의 몽둥이가 부러지나 어디 한번 해 보자'는 식으로 끝까지 버팁니다. 그래서 하나님이 마지막으로 사용하신 극약처방이 물질적인 번영을 주는 것이었습니다. 그러면 혹시라도 하나님의 사랑을 깨닫고 돌아오지 않을까 기대하셨던 것입니다. 그러나 그 기대는 물거품이 되고 말았습니다. 졸지에 부강해진 이스라엘 백성들은 가난한 이웃들을 전보다 더 학대했고 전보다 더 큰 악행들을 저질렀습니다.

이제 하나님은 바쁘게 움직이기 시작하십니다. 이스라엘에 호세아 선지자를 세우시고, 남쪽에서 북쪽으로 아모스 선지자를 불러올리십니다. 그리고 니느웨로 선교사를 파송하십니다. 그것은 이스라엘의 마지막 처리를 위한 조처였습니다.

우리나라에 IMF가 터졌을 때, 사람들은 그래도 약간은 검소하게 사는 것 같았습니다. 그런데 위기가 넘어가는 듯하자 다시 흥청망청 돈을 쓰고 있습니다. 우리가 알아야 할 것이 무엇입니까? 하나님이 IMF 위기를 넘길 수 있게 해 주신 것은 우리가 무엇을 잘했기 때문이 아니라는 것입니다. 너무 맞으면 독이 올라서 더 하나님 앞에 뻗대면서 반항할 테니까 조금 달래려고 도와주신 것이지, 절대 축복으로 주신 것이 아닙니다. 우리는 아직 물질적인 축복을 누릴 단계에 이르지 못했습니다.

요나가 원한 것이 무엇입니까? 이스라엘 백성들이 "이건 단순한 축복이 아니라 하나님이 마지막 극약처방으로 허락하신 기회이니 만큼, 이 부요함에 속지 말고 다시 한 번 가난한 마음으로 돌아가 회개하자"고 함으로써, 그 축복을 오래오래 누리는 것이었습니다. 그러나 하나님이 "니느웨로 출발하라"고 하셨을 때, 요나는 모든 상황이 끝나 버렸다는 사실을 알았습니다. 이스라엘이 하나님 앞에 돌아오기만 했다면 앗수르를 다시 고치실 필요가 없었을 것입니다. 하나님이 이미 병들어 죽어 가는 앗수르를 고치려 하시는 것은 이스라엘을 버리셨기 때문임을 요나는 알았습니다. 그는 하나님이 집어넣었던 몽둥이를 다시 꺼내시는 것을 보았습니다.

"하나님, 제가 왜 이 악역을 감당해야 합니까? 조금만 더 내버려 두면 니느웨는 절로 망하게 되어 있습니다. 환자로 치면 임종이 가까운 말기 환자나 다름없습니다. 그런데 이제 제 발로 찾아가 전기충격을 주고 주사를 놓아서 다시 살려 내야 하겠습니까? 그래서 내 민족을 멸망시키게 해야겠습니까?" 그래서 그는 도망쳐 버립니다. '나는 이 악역을 감당하기 싫다. 니느웨는 이미 빈

사 상태에 빠져 있다. 어쩌면 내가 도망치는 동안 망해 버릴지도 모를 일이다. 그렇게 되면 하나님이 이스라엘을 다시 살려 주실 수도 있지 않겠는가?' 하는 심정으로 도망쳐 버립니다.

하나님의 명령

하나님의 명령은 어떻게 임했습니까? "'너는 일어나 저 큰 성읍 니느웨로 가서 그것을 쳐서 외치라. 그 악독이 내 앞에 상달하였음이니라' 하시니라"(1:2).

우리는 여기에서 니느웨에 대한 두 가지 사실을 알 수 있습니다. 한 가지는 니느웨가 보통 큰 도시가 아니었다는 사실입니다. 요즘에는 대도시가 워낙 많아서 웬만한 도시는 크게 보이지도 않지만, 옛날에는 인구가 1만 명이 채 못 되는 곳도 큰 도시였습니다. 그런데 니느웨는 어린아이만 12만 명이 넘었습니다. 아마 어른 인구까지 합하면 100만 명이 넘었을 것입니다. 니느웨는 이처럼 거대한 도시였을 뿐 아니라 아주 악한 도시이기도 했습니다. 얼마나 악독했는지, 그 악독이 하나님 앞에 상달될 정도였습니다. '하나님 앞에 상달되었다'는 것은 히브리인들이 쓰는 독특한 표현으로서, '이제는 더 이상 봐주려고 해도 봐줄 수가 없다. 하나님이 보시기에는 물론이고 인간들이 보기에도 참을 수 없을 정도로 죄가 쌓였다'는 뜻입니다.

그렇다면 그냥 멸망시켜 버리면 되지 않습니까? 하나님은 왜 굳이 요나를 보내어 그 죄를 책망하게 하시는 것입니까? 여기에는 그들을 멸망시키지 않고 응급조치를 해서 살리시겠다는 의미가 들어 있습니다. 일단 말씀이 귀에 들리기 시작한 사람은 망하지 않습니다. 오히려 너무 일이 잘되어서 말씀 들을 시간이 없는 사람이 망합니다. 예배 시간에 와서 앉아 있지만 설교가 한마디도 귀에 들어오지 않을 때 망하는 거예요. 하나님이 멸망시키기로 작정하시면 무엇보다 먼저 말씀을 거두어 가십니다.

요나는 하나님의 명령을 이해할 수가 없었습니다. 이런 역사를 일으키시려면 이스라엘 안에서 한 번 더 강권적으로 일으키실 일이지, 왜 그들에게는 손을 드시고 다 죽어 가고 있는 악독한 니느웨를 다시 살리려 하시는지 알 수가 없었습니다. 그러나 하나님이 생각하시는 바가 무엇입니까? '내가 너희에게 얼마나 부지런히 선지자를 보냈느냐? 그래도 너희는 회개하지 않았다. 이제 니느웨를 봐라. 이 악독한 백성들이 요나의 말을 듣고 회개하는 것을 보면 너희 자신이 얼마나 악한 백성인지 알게 될 것이다'라는 것입니다.

예전에 '지존파'라는 악독한 범죄자들이 있었습니다. 그들이 감옥에서 회개했다는 말을 들었을 때 저는 별로 기쁘지가 않았습니다. '저 정도로 악한 사람들은 이처럼 쉽게 회개하면 안 된다'는 마음이 있었기 때문입니다. 그런데 하나님이 이런 일들을 통해 보여 주시는 것이 무엇입니까? '이렇게 악독한 사람들도 눈물을 흘리며 회개하는데, 왜 너희는 그렇게 하지 못하느냐? 사실은 종교 생활을 한다고 하는 너희가 이 악독한 범죄자들보다 더 악한 것이 아니냐?'라는 것입니다.

예수님은 능력을 많이 행하셨음에도 불구하고 회개치 않는 가버나움 사람들을 향해 이렇게 말씀하셨습니다. "'가버나움아, 네가 하늘에까지 높아지겠느냐? 음부에까지 낮아지리라. 네게서 행한 모든 권능을 소돔에서 행하였더면 그 성이 오늘날까지 있었으리라. 내가 너희에게 이르노니 심판 날에 소돔 땅이 너보다 견디기 쉬우리라'하시니라"(마 11:23-24).

　　하나님은 위선적인 종교인들이야말로 이 사회에서 최고로 악한 사람보다 더 악할 수 있다는 것을 알고 계십니다. 차이가 있다면, 위선적인 종교인들은 자기 죄를 은폐시킬 수 있다는 것뿐입니다. 말씀 들을 기회가 없어서 악해진 사람과 수없이 말씀을 들었는데도 마음이 단단해진 사람은 그 죄질이 근본적으로 다릅니다. 말씀 들을 기회가 없어서 강도질하고 사기 치던 사람은 말씀이 들릴 때 닭똥 같은 눈물을 뚝뚝 흘리면서 회개를 합니다. 그러나 교회에 수시로 드나들면서 위선적으로 죄를 은폐시켜 온 사람들은 위선으로 죄를 다지고 또 다져 놓았기 때문에 도무지 치료할 수가 없습니다.

　　그래서 하나님이 니느웨에 선지자를 보내시는 것입니다. '너희에게 말씀을 전하던 바로 그 선지자를 니느웨에 보냈을 때 어떤 일이 일어나는지 보라'는 것입니다. '니느웨에서는 부흥이 일어나는데 이스라엘에서는 왜 부흥이 일어나지 않느냐? 니느웨 사람들은 통곡을 하면서 회개하는데 너희는 왜 울며 회개하지 못하느냐? 너희도 저들만큼만 해 봐라. 흉내라도 내 봐라. 그러면 내가 자비와 사랑을 베풀어 주겠다'는 것입니다.

　　하나님이 요나를 니느웨 성에 보내신 데에는 또 다른 의미도 들어 있습니다. 우리는 "다 똑같은 인간"이라고 말은 하면서도, 항상 자기중심적으로 생각하는 경향이 있습니다. 그래서 대형사고가 나서 사람이 많이 죽어도 내 가족만 무사하면 그렇게 심각하게 생각하지 않습니다. 이스라엘 백성들도 자신들이 조금 고통당하는 것은 아주 심각하게 생각하면서도, 앗수르 사람들이 한꺼번에 멸망하는 것은 당연한 일로 여겼습니다.

우리도 그렇지 않습니까? 과거에 우리는 북한 공산당은 무조건 나쁘다는 교육을 받았습니다. 그래서 국군은 부상만 당해도 안타까워하면서, 공산당은 아무리 많이 죽어도 당연하게 생각했습니다. 전쟁영화나 서부영화가 심어 주는 생각도 이런 것입니다. 주인공은 아무리 총을 맞고 비틀거려도 나중에 보면 다 살아나지만, 악당은 총을 맞지 않아도 죽어 넘어집니다. 우리의 머릿속에는 '우리 편은 한 명도 죽으면 안 되지만 악당은 아무리 많이 죽어도 상관없다'는 생각이 자리를 잡고 있습니다. 나에게 중요한 사람은 조금만 고통을 받아도 가슴이 찢어질 듯 아프지만, 나에게 중요하지 않은 사람은 아무리 큰 고통을 당해도 별로 대수롭게 생각되지 않습니다.

그러나 하나님은 그렇지 않으십니다. 하나님께서는 소중하지 않은 사람이 한 명도 없습니다. 한국 사람도 소중하고 러시아 사람도 소중하고 일본 사람도 소중하고 니느웨 사람도 소중합니다. 하나님 앞에 돌아오지 못할 정도로 큰 죄인은 없습니다. 하나님 앞에 돌아가기에 너무 늦었다고 말할 정도로 큰 죄인은 아무도 없습니다. 하나님은 아무리 악하고 타락한 사람이라도 만나기 원하십니다. 하나님은 "이스라엘 백성들 너희만 사람이 아니라 니느웨 백성들도 내 형상대로 지은 사람들이다. 나는 그들을 사랑하며, 그들을 구원하기를 기뻐한다"고 말씀하십니다. 우리에게는 '우리'가 중요하지만 하나님께는 인간 한 사람 한 사람이 다 중요합니다. 하나님은 니느웨에 요나를 보내심으로써 이스라엘 백성들의 잘못된 우월감을 깨뜨리고자 하셨습니다.

이스라엘 백성들은 자신들이 니느웨 사람들보다 완악하다는 사실을 알지 못했습니다. 하나님이 그들에게 얼마나 많은 선지자들을 보내셨습니까? 그래도 그들은 회개하지 않았습니다. 반면에 니느웨 성은 요나의 설교 단 한 번에 뒤집혀 버렸습니다. 이스라엘 백성들은 하나님의 은혜에 너무 길들여진 나머지 구원을 당연한 것으로 여기면서 오히려 왜 더 복을 주지 않느냐고 불평했습니다. 처음 선물을 받을 때에는 고맙게 여겨도, 다음에 또 선물을 받으면 덜 고맙게 여기는 것이 사람의 마음입니다. 그 다음에 선물이 좀 늦게 도착하면 "왜 이렇게 늦게 주느냐?"고 불평합니다. 그리고 그 다음에 선물을 주지 않으면 "왜 안 주느냐?"고 화를 냅니다.

　원인이 무엇이든지 간에 그리스도인이 불평하는 것은 대단히 잘못된 일입니다. 우리는 불평할 것이 없습니다. 구원받은 것만으로도 이미 엄청난 선물을 받은 것이기 때문입니다. 부유하든지 가난하든지, 건강하든지 병들었든지 간에 전심으로 하나님을 기뻐하고 하나님께 감사해야 마땅합니다. 그러나 이스라엘 백성들은 구원을 당연시해서, 감사하는 마음도 갖지 않았고 하나님의 말씀을 지키려고도 하지 않았습니다. 그래서 하나님이 하신 일이 무엇입니까? 이 버릇없는 이스라엘 백성들을 버리심으로써, 이 세상에 당연하게 구원받을 사람은 아무도 없으며 구원받은 사람이라면 누구나 마땅히 하나님께 온전한 감사와 영광을 돌려야 한다는 것을 보여 주신 것입니다.

　이스라엘 백성들이 하나님 앞에서 겸비했다면 하나님이 얼마나 기뻐하면서 그들을 살려 주셨겠습니까? 그 악독한 니느웨 사람들도 살려 주셨는데, 이스라엘 백성들은 열 번 스무 번 더 살려 주셨을 것입니다. 그 극악한 지존파도 구원받을 수 있었다면, 교회 다니다가 실망해서 나오지 않는 사람, 믿음에 낙심한 사람들은 몇십 번이라도 구원받을 수 있습니다. 그러니까 그들의 흉내라도 내 보라는 것입니다. 그들을 보면서 지금이라도 무릎을 꿇고 회개하면 얼마든지 용서해 주시겠다는 것입니다.

우리는 하나님의 은혜에 익숙해지기 쉽습니다. 그래서 하나님을 모르는 사람들보다 훨씬 더 악해질 수 있습니다. 하나님을 모르는 사람들은 다른 사람들의 마음속을 잘 모르기 때문에 겉으로 드러난 행동만을 문제 삼을 때가 많습니다. 그러나 그리스도인들은 그 동기가 무엇인가를 항상 따지기 때문에 오해를 해도 깊이 하고, 사람을 미워해도 본질적으로 미워합니다. 그래서 겉으로는 착해 보여도 속으로는 엄청난 죄를 짓는 경우가 많습니다. 또 그리스도인들은 죄를 은폐시킬 줄 알기 때문에, 가장 악하면서도 가장 거룩한 체할 수 있습니다. 그래서 그리스도인들은 믿지 않는 사람들보다 더 겸손해야 하고, 더 많이 울어야 하며, 더 많이 말씀의 채찍질을 받아야 합니다. 그렇게 하지 않으면 자기도 모르는 사이에 무서운 위선자가 되기 쉽습니다.

도망치는 선지자

니느웨를 회개시키라는 하나님의 명령에 요나는 어떻게 반응했습니까? "그러나 요나가 여호와의 낯을 피하려고 일어나 다시스로 도망하려 하여 욥바로 내려갔더니 마침 다시스로 가는 배를 만난지라. 여호와의 낯을 피하여 함께 다시스로 가려고 선가를 주고 배에 올랐더라"(1:3).

요나는 여호와의 낯을 피하기로 했습니다. "여호와의 낯"은 우선적으로 성전을 가리키는 표현입니다. 그러나 북쪽 이스라엘에는 진정한 의미의 성전이 없었습니다. 여기에서 "여호와의 낯"은 가나안 지경을 가리키는 표현입니다. 이스라엘 백성들은 '하나님이 가나안 땅 구석구석을 살피고 계신다'는 의식을 가지고 있었습니다. 이런 맥락에서 요나도 가나안 땅만 벗어나면 여호와의 낯을 피할 수 있으리라고 생각했을 것입니다.

하나님은 도망칠 계획을 세워 실행하는 요나를 보면서도 가만히 계십니다. 왜 그렇습니까? 요나는 결코 여호와의 낯을 피할 수 없다는 사실을 곧 알게 될 것이기 때문입니다. 그는 어디를 가도 하나님의 눈앞에서 벗어날 수 없다는 사실을 알게 될 것입니다. 심지어 저 깊은 바다 속, 물고기 뱃속에도 하나님이 계신다는 사실을 알게 될 것입니다.

요나가 하나님의 명령을 거역하고 다시스로 가는 배를 타려고 욥바로 내려갔을 때, 마침 다시스로 가는 배가 딱 대기하고 있었습니다. 그럴 때 우리는 "이것 봐! 하나님의 뜻 맞잖아" 하면서 얼른 그 배에 올라타기 쉽습니다. 그러나 그것이야말로 바다 밑바닥으로 떨어지는 내리막길의 시작입니다. 하나님을 피할 수 있도록 나를 데려가 줄 배가 눈앞에 딱 기다리고 있을 때, 하나님의 뜻이 과연 무엇인지 확인도 하지 않은 채 덥석 올라타 버리면 그때부터 내리막길로 치닫는 것입니다. 인생 밑바닥에 부딪칠 때까지 한없이 내려가는 거예요. 요나는 그래도 3일 만에 나왔으니 빨리 나온 셈입니다. 물고기 뱃속에서 이것저것 기웃거리다 보면 10년, 20년 지나가는 것은 문제도 아닙니다. 〈천부여, 의지 없어서〉 부르면서 하나님 앞에 돌아오기까지 10년, 20년이 걸려요.

요나는 왜 하나님의 명령에 불순종하기로 결심했습니까? 니느웨 사람들이 회개하는 것이 싫었기 때문입니다. 이스라엘 백성이 받아야 할 하나님의 은혜가 악한 자들에게 넘어가는 것이 싫었기 때문입니다. 앗수르는 이스라엘에 많은 고통을 준 나라였습니다. 그들은 이스라엘 백성들을 수없이 죽이고 잡아갔습니다. 물질적으로도 심각한 피해를 주었습니다. 그런데 왜 굳이 그들을 찾아가 회개시켜야 합니까? 가만히 두면 저절로 망할 텐데, 왜 제 발로 찾아가서 그들을 살려 내고 재무장시켜서 자기 백성을 멸망시키게 해야 합니까?

하나님께 사용되는 데 가장 중요한 조건 중에 하나는 마음의 상처가 치료되는 것입니다. 마음의 상처가 치료되지 않으면 나에게 상처 준 사람들의 발을 씻어 줄 수가 없습니다. 마음을 굳게 먹고 발을 씻겨 주다가도, 어느 순간 대야를 집어들고 패 주고 싶은 충동이 불끈불끈 올라와요. 하나님의 말씀은 아주 예리한 검입니다. 말씀을 전하는 자가 자기 상처 때문에 분노로 그 검을 휘두르면 얼마나 많은 사람이 다치게 되는지 모릅니다.

하나님은 누구에게 우리를 보내십니까? 우리가 가장 가기 싫어하는 사람들에게 보내십니다. 나의 여러 가지 문제들은 하나님께 맡기고, 내가 싫어하는 그 사람들을 찾아가 그들을 살리는 일부터 하라고 하십니다. 왜 그렇게 하십니까? 그것이 하나님의 사랑이기 때문입니다. 세리였던 마태 사도는 유대인들로부터 심한 마음의 상처를 받았습니다. 그런데 그는 세리들에게 가장 심한 상처와 굴욕감을 주었던 바로 그 유대인들을 위해 마태복음을 썼습니다.

하나님이 우리에게 하시는 말씀이 무엇입니까? "네 집안 문제, 자식 문제를 네가 붙들고 있어 봐야 무슨 소용이 있느냐? 그런 것들은 나에게 다 맡겨 놓고, 너는 원수를 찾아가라. 사랑할 이유가 전혀 없는 사람들을 찾아가서 사랑해라. 그러면 네 집안, 네 자식은 내가 돌보아주고 긍휼을 베풀어 주겠다."

하나님이 명령하시는 사랑은 우리를 고민하게 만드는 사랑, 할 수만 있으면 도망칠 핑계를 찾게 하는 사랑입니다. 하나님이 사랑하라고 하시는 사람들은 사랑할 이유가 전혀 없는 사람들입니다. 왜 그런 사람들을 위해 우리의 시간을 허비하고 우리의 돈을 허비해야 합니까? 우리에게 중요한 일은 하나님으로 하여금 우리를 긍휼히 여기시게 하는 것이기 때문입니다. 하나님으로 하여금 우리를 긍휼히 여기시게 하려면 일단 하나님 앞에서 낮아져야 합니다. 그러나 그것은 소극적인 방법입니다. 그보다 더 적극적인 방법은 내 문제들을 붙들고 있던 손을 딱 놓고 원수를 찾아가는 것입니다. 사랑할 이유가 없는 사람들을 찾아가서 내 시간을 주고 내 물질을 주는 것입니다. 그리고 가장 아까운 하나님의 말씀을 주는 것입니다. 그러면 내 문제는 하나님이 친히 돌보아 주십니다.

실제로 하나님은 어떻게 이스라엘을 돌보아 주셨습니까? 이스라엘의 죄는 소돔의 죄와 같았습니다. 그래서 호세아서 11장을 보면 하나님이 이스라엘을 소돔처럼 멸망시키려고 작정하셨다는 말씀이 나옵니다. 그런데 요나가 니느웨로 감으로써 이스라엘의 심판 등급이 낮아졌습니다. 그래서 앗수르의 손에 멸망당하기는 하되 옛 앗수르 사람들보다는 좀 누그러진 사람들, 요나의 설교를 들은 자들의 후손들, 여전히 악하기는 하지만 그래도 예전보다는 좀 덜 악한 사람들에게 멸망당하게 됩니다. 결국 요나의 선교는 이스라엘에 이익이 되었습니다.

또한 하나님은 니느웨의 회개를 통해 이스라엘 백성들의 마음속에 거룩한 질투심을 일으키고자 하셨습니다. 엄마 젖을 잘 안 먹는 아이도, 엄마가 다른 아이에게 젖을 주는 척하면 눈에 불을 켜고 달려들어서 자기가 독차지하려 들지 않습니까? 하나님은 이스라엘 사람들도 "우리에게 있어야 할 말씀이 왜 저기로 가 버렸느냐? 우리 곁에서 설교해야 할 요나가 왜 니느웨에서 설교하느냐?" 하면서 다시 말씀에 달려들기를 원하셨습니다.

우리에게도 이 질투심이 있어야 합니다. '말씀을 붙드는 일만큼은 남에게 뒤지지 않겠다. 하나님의 은혜를 사모하는 일만큼은 절대 남에게 뒤지지 않겠다'는 질투심이 있어야 합니다. 하나님 앞에 나보다 더 겸손한 사람을 보면 눈에서 불이 튀어나와야 합니다. 다른 사람들이 더 큰 은혜를 받는 것을 보면 불이 튀어나와야 해요. 엉뚱하게 다른 사람 새 옷 산 데 불이 튀어나오고, 새 차 산 데 불이 튀어나오고, 새 집 산 데 불이 튀어나오면 안 됩니다. 아무리 내가 인정할 수 없는 사람이라도 그가 물질적으로 잘될 때 '아, 저 사람이 잘되어서 정말 기쁘다' 생각하면서 복을 빌어 주어야지, '이럴 리가 없는데! 분명히 시한폭탄이 터져야 하는데 하나님은 폭탄 안 터뜨리시고 대체 뭐 하시는 거야?' 하면서 성을 내면 안 됩니다. 성도들은 자기와 신앙색이 좀 다른 사람이라고 해도 그가 잘될 때 같이 기뻐해 주고 축복해 줄 수 있어야 합니다.

우리가 질투를 느껴야 할 일은 그런 것이 아닙니다. 우리가 질투를 느껴야 할 일은 다른 사람들이 우리보다 더 은혜를 사모하는 것입니다. 다른 사람들에게서 우리보다 더 큰 말씀의 역사가 일어나는 것입니다. 그럴 때 우리는 "저런 은혜는 우리에게 나타나야 하는데 왜 저기에서 나타날까? 우리가 교만해서 하나님이 은혜를 거두어 가시는 것은 아닐까?" 두려워하면서, "이것만큼은 빼앗기면 안 된다. 다른 일 다 취소하고서라도 하나님 앞에 한마음으로 모이자. 우리 열심을 내서 은혜를 사모하자"고 서로 독려해야 합니다.

우리나라가 물질적으로 잘살게 된 것은 하나님의 축복이 아니라 극약처방입니다. 그리고 이제 그 약효가 떨어지고 있습니다. 이때 하나님이 원하시는 바가 무엇입니까? "세상 것 좀 손해 보고 다시 말씀으로 돌아올 수 없느냐? 거룩한 질투심을 가질 수 없느냐?" 하는 것입니다. 우리가 이 질문에 반응하여 하나님 앞에 겸비하게 나아갈 때, 다시 한 번 큰 부흥의 역사가 일어날 줄 믿습니다.

2

이방인 중에 선 선지자

요나 1:3-10

1:3 그러나 요나가 여호와의 낯을 피하려고 일어나 다시스로 도망하려 하여 욥바로 내려갔더니 마침 다시스로 가는 배를 만난지라. 여호와의 낯을 피하여 함께 다시스로 가려고 선가를 주고 배에 올랐더라.

4 여호와께서 대풍을 바다 위에 내리시매 바다 가운데 폭풍이 대작하여 배가 거의 깨어지게 된지라.

5 사공이 두려워하여 각각 자기의 신을 부르고 또 배를 가볍게 하려고 그 가운데 물건을 바다에 던지니라. 그러나 요나는 배 밑층에 내려가서 누워 깊이 잠이 든지라.

6 선장이 나아가서 그에게 이르되 "자는 자여, 어찜이뇨? 일어나서 네 하나님께 구하라! 혹시 하나님이 우리를 생각하사 망하지 않게 하시리라" 하니라.

7 그들이 서로 이르되 "자, 우리가 제비를 뽑아 이 재앙이 누구로 인하여 우리에게 임하였나 알자" 하고 곧 제비를 뽑으니 제비가 요나에게 당한지라.

8 무리가 그에게 이르되 "청컨대 이 재앙이 무슨 연고로 우리에게 임하였는가 고하라. 네 생업이 무엇이며 어디서 왔으며 고국이 어디며 어느 민족에 속하였느냐?"

9 그가 대답하되 "나는 히브리 사람이요 바다와 육지를 지으신 하늘의 하나님 여호와를 경외하는 자로라" 하고

10 자기가 여호와의 낯을 피함인 줄을 그들에게 고하였으므로 무리가 알고 심히 두려워하여 이르되 "네가 어찌하여 이렇게 행하였느냐?" 하니라.

1:3-10

요즘 우리나라는 북한과 협력하여 경의선을 복구할 계획을 세우고 있습니다. 그런데 이 철도를 복구하는 데 가장 큰 장애가 되는 것이 비무장지대에 묻혀 있는 수만 발의 지뢰라고 합니다. 군인들이 행진할 때에도 가장 조심해야 하는 것이 바로 지뢰입니다. 주의하지 않고 행진하다가 자칫 잘못해서 지뢰를 밟기라도 하면, 온몸이 산산조각 나든지 다리나 발목이 잘려 나가는 중상을 입게 되어 있습니다.

　신앙의 영역에서도 마찬가지입니다. 자칫 잘못해서 영적인 지뢰를 밟으면 그동안 쌓아 온 신앙이 한순간에 산산조각 날 수 있습니다. 그렇다면 무엇이 영적인 지뢰를 밟는 것입니까? 하나님의 뜻을 분명히 알면서도 그 뜻에 불순종해서 도망치는 것이 지뢰를 밟는 것입니다. 하나님은 우리에게 자신의 뜻을 말씀하실 때 강요하거나 위협하시지 않습니다. 그래서 우리는 교만하게도 얼마든지 하나님의 뜻에 불순종하거나 피할 수 있는 것처럼 생각하기 쉽습니다. 그러나 그것은 지뢰입니다. 한번 잘못 밟으면 순식간에 모든 것이 날아가 버립니다.

요나는 하나님께 분명한 지시를 받았습니다. 그것은 죄인 중의 죄인인 니느웨 사람들에게 가서 하나님의 말씀을 전하라는 것이었습니다. 그러나 요나는 이스라엘 백성들에게 설교하고 싶었고, 그들을 회개시켜 하나님의 축복을 받게 하고 싶었습니다. 그래서 의도적으로 하나님의 뜻을 거역하고 니느웨와는 정반대 방향인 다시스로 가려 했습니다. 처음에는 모든 일이 그의 뜻대로 되는 것 같았습니다. 욥바로 내려가자 마침 다시스로 가는 배가 기다리고 있었고, 요나가 올라타자 배는 순풍을 타고 순조롭게 출발했습니다. 요나는 이처럼 자신의 뜻대로 일이 잘 풀려 나가는 것이야말로 무서운 함정이요 지뢰라는 것을 알지 못했습니다.

우리도 신앙 생활을 하면서 하나님과 숨바꼭질을 할 때가 많이 있습니다. 하나님은 우리를 강권적으로 붙들어 제대로 믿게 하시고 당신의 뜻대로 사용하려 하시는데, 우리는 그 뜻을 알면서도 도망쳐서 자기 욕심을 향해 달려갈 때가 있습니다. 그러나 그러다가 하나님의 손에 걸리는 순간이 옵니다. 그때 하나님의 뜻에 완전히 항복하지 않으면 절대로 살아 나올 수가 없습니다.

하나님의 낯을 피하다

요나는 아주 부담스러운 명령을 받았습니다. 그것은 니느웨 사람들에게 가서 하나님의 심판을 선포하라는 명령이었습니다. 요나는 니느웨 사람들에게만큼은 무슨 일이 있어도 가고 싶지 않았습니다. 그래서 하나님의 낯을 피해 다른 곳으로 도망치기로 했습니다. "그러나 요나가 여호와의 낯을 피하려고 일어나 다시스로 도 망하려 하여 욥바로 내려갔더니 마침 다시스로 가는 배를 만난지 라. 여호와의 낯을 피하여 함께 다시스로 가려고 선가를 주고 배 에 올랐더라"(1:3).

지난 장에서 살펴보았듯이 이스라엘 백성들은 가나안 땅 안에 하나님이 계신다고 생각했습니다. 더구나 선지자는 단순히 하나님 이 계신다는 관념적인 믿음만 가지고 있었던 것이 아니라 실제로 자신에게 임하시는 하나님의 말씀을 들었습니다. 핸드폰에 비유하 면 아마 쉽게 이해가 될 것입니다. 요즘은 기지국이 여러 곳에 있 어서 통화불능지역이 그리 많지 않지만, 예전에는 통화가 되지 않 는 지역이 꽤 많았습니다. 이를테면 요나는 그런 통화불능지역으 로 가기로 결정한 것입니다. '이스라엘 지역 안에서는 언제 하나 님의 말씀이 임할지 모른다. 더 이상 하나님의 음성이 들리지 않 는 곳, 더 이상 양심의 부담에 시달리지 않아도 되는 곳, 하나님의 사정거리 밖으로 벗어나자.' 이것이 요나의 생각이었습니다.

요나는 다시스로 가는 배를 탔을 뿐 아니라, 그 배 안에서도 맨 밑층으로 내려갔습니다. 괜히 갑판 위에서 얼쩡거리다가 하나님이 "요나야, 너 어디 있느냐?"고 부르시면 어떻게 합니까? 그래서 배 밑층까지 내려갔고, 그것도 불안하니까 잠까지 청했습니다. 하나 님이 자꾸 말씀하시면 부담스럽고 갈등이 생기니까 하나님의 말 씀이 들리지 않을 것 같은 곳으로 꼭꼭 숨어 버린 것입니다. 하나 님의 백성에게 가장 위험한 일은 이처럼 말씀이 들리지 않는 난청 지대로 들어가는 것, 의도적으로 하나님으로부터 멀어지는 길을 택하는 것입니다.

요나는 하나님의 선지자입니다. 그런데 어떻게 이처럼 하나님에 대해 무지할 수가 있습니까? 그가 팔레스타인만 벗어나면 하나님도 어찌하실 수 없는 것처럼 잘못된 판단을 내린 것은 그의 분별력이 한순간에 어두워진 탓입니다. 세상 사람들도 잘못을 저지르고 난 후에 "그때는 눈에 뭐가 씌었다"는 말들을 합니다. 평소같았으면 절대 그런 일을 했을 리가 없는데, 뭐가 씌어서 한순간에 잘못을 저질렀다는 뜻입니다.

그리스도인들의 영혼이 어두워지는 데에는 그리 오랜 시간이 걸리지 않습니다. 영적으로 총명하던 사람도 한순간에 눈먼 삼손이 될 수 있습니다. 과일이 부패하려면 시간이 좀 걸립니다. 생선은 그보다 빨리 부패하지만 그래도 시간이 좀 걸립니다. 그러나 그리스도인의 영혼은 딱 1초 만에 완전히 부패할 수 있습니다. '하나님의 말씀에 순종하기 싫다, 순종하지 않겠다'고 생각하는 바로 그 순간 영혼이 부패하면서, 전에는 그처럼 똑똑하고 신중했던 사람이 말도 안 되는 짓을 해 버립니다.

"등잔 밑이 어둡다"는 말도 있듯이, 하나님의 말씀에 가까운 곳이 오히려 더 어두울 수 있습니다. 선지자의 마음이 부패하면 이방인보다 더 어두워집니다. 늘 하나님의 말씀을 공부하고 가르치던 사람이 부패하면, 믿지 않는 사람들보다 훨씬 더 이해할 수 없는 행동을 하는 것을 흔히 볼 수 있습니다. 왜 그렇습니까? 말씀에는 책임이 따르기 때문입니다. 말씀을 들은 자는 말씀을 들은 자로서 해야 할 일이 있습니다. 그런데 말씀을 들었으면서도 거기에 순종하지 않을 때, 하나님은 그의 총명함과 분별력을 거두어 가심으로써 자기도취에 빠지게 하십니다.

요나는 지금 하나님과 숨바꼭질을 하고 있습니다. 자기 머리로 하나님을 이길 수 있다고 생각하고 있습니다. 3절만 보면 마치 요나가 이기고 있는 것처럼 보이기도 합니다. 그는 다시스를 목적지로 삼았습니다. 다시스는 그 당시 이스라엘 사람들이 세계의 끝으로 여기던 곳이었습니다. 거기 가서 숨어 있으면 아무리 하나님이라도 어떻게 하시겠습니까? 자기 대신 다른 사람을 보내시든지, 아예 이 계획 자체를 재고하셔야 하지 않겠습니까? 욥바에는 다시스로 가는 배가 대기하고 있었습니다. 모든 것이 요나의 뜻대로 척척 진행되는 것 같았습니다. 요나는 기꺼이 배삯을 주고 배에 올랐습니다.

한번 하나님께 불순종하기로 마음먹으면 그때부터는 만사가 일사천리로 진행되게 되어 있습니다. 문제는 그것이 내리막길이라는 데 있습니다. 이 신앙의 곤두박질은 아주 작은 일에서부터 시작됩니다. 우리말 성경에는 "배에 올랐더라"고 되어 있지만, 히브리어 성경에는 '배에 내려갔다'고 되어 있습니다. 이것은 의도적인 표현입니다. 즉 요나가 하나님의 말씀을 거역하기로 작정한 순간부터 밑으로 곤두박질치기 시작했음을 암시하고 있는 것입니다.

다시스까지 가는 배삯은 결코 싸지 않았을 것입니다. 요나는 죄를 짓기 위해 대단히 비싼 대가를 지불했습니다. 타락을 공짜로 생각하면 안 됩니다. 타락하려면 돈이 많이 듭니다. 하나님의 백성이 타락만 하지 않으면 돈 쓸 일이 그렇게 많지 않습니다.

한번 잘못된 결정을 내리고 나자, 그때부터 요나는 밑으로 곤두박질치기 시작했습니다. 어디까지 곤두박질쳤습니까? 지중해 밑바닥까지 곤두박질쳤습니다.

깨닫게 하시는 하나님

지금 요나에게 가장 필요한 일이 무엇입니까? 하나님에 대해 새로이 깨닫는 것입니다. 그의 불순종은 하나님에 대한 오해에서 비롯되었기 때문입니다. 그래서 하나님은 당신이 어떤 분이신지 요나에게 보여 주기 시작하십니다. "여호와께서 대풍을 바다 위에 내리시매 바다 가운데 폭풍이 대작하여 배가 거의 깨어지게 된지라. 사공이 두려워하여 각각 자기의 신을 부르고 또 배를 가볍게 하려고 그 가운데 물건을 바다에 던지니라. 그러나 요나는 배 밑층에 내려가서 누워 깊이 잠이 든지라"(1:4-5).

요나는 이스라엘만 벗어나면 하나님이 자기를 찾아내지 못하실 줄 알았습니다. 하나님이 아무리 불러도 자기 귀에 들리지 않을 줄 알았습니다. 그러나 하나님은 그를 찾아내셨고 이방인들 앞에 세워 하나님을 나타내게 하셨습니다. 요나는 이방인들에게 설교하기 싫어서 도망가려 했습니다. 그런데 하나님은 그를 이방인들 앞에 세워 자기 죄를 고백하고 하나님을 증거한 후, 바다에 빠지게 만드셨습니다.

우리는 하나님께 손이 없다고 생각합니다. 그러나 사실은 하나님보다 더 손 많은 이가 없습니다. 폭풍은 하나님의 손입니다. 하나님은 손바닥으로 뺨을 때리시는 것이 아니라 폭풍으로 뺨을 때리십니다. 정신차리지 못하는 기업가는 IMF로 때리십니다. 지진도 하나님의 손이고 전쟁도 하나님의 손입니다. 하나님은 사랑하는 자녀들이 불순종할 때 처음에는 가만히 두고 보십니다. 그러다가 한계를 벗어나 끝까지 고집을 부리면 매로 때리시는데, 그 매가 이만저만 아픈 것이 아닙니다. 하나님이 일단 매를 들고 자기 자녀를 찾아오시면 입에서 단내가 나고 뼈가 녹아 내릴 정도로 인정사정없이 치십니다. '과연 이 매를 맞고서도 살 수 있을까' 싶을 정도로 완전히 절망적인 상황 속으로 몰아넣으십니다. 악한 사람들 중에서도 최고로 악한 사람들을 뽑아서, 최고로 악한 상황을 통해서 때리십니다.

요나는 자기만 도망치면 하나님이 아무 일도 못하실 것처럼 생각했습니다. 그러나 하나님께는 불순종하고 도망치는 선지자를 잡아낼 방법이 수없이 많이 있었습니다. 하나님은 가장 먼저 무서운 폭풍을 사용하셨습니다. 얼마나 무서운 폭풍이었던지 배에 탄 사람들은 저마다 자기 신에게 빌면서 아까운 화물들을 전부 바다에 던져 버렸습니다. 그래도 폭풍은 잠잠해지지 않았습니다.

그런데 요나는 어떻게 했습니까? 배 밑층에 내려가서 잠을 잤습니다. 우리는 요나가 배 밑층에 있었기 때문에 이런 소동이 일어난 줄 몰랐던 것으로 생각하기 쉽습니다. 그러나 요나는 이 소동을 몰랐던 것이 아닙니다. "그러나 요나는 배 밑층에 내려가서 누워 깊이 잠이 든지라" 하는 구절의 동사 시제를 살펴보면, 계속 잠을 자고 있어서 소동인 난 줄 몰랐던 것이 아니라, 오히려 소동이 난 것을 보고 내려가서 잠을 청했음을 알 수 있습니다. 다시 말해서 폭풍이 일어나는 것을 보면서도 '이건 나와 상관없는 일이야. 우연의 일치일 뿐이라고. 배 타고 바다를 건너다 보면 이런 일이 어디 한두 번 일어나나?' 생각하면서 배 밑층으로 내려가 잠을 잔 것입니다. 그래도 그렇지, 폭풍이 부는데 어떻게 잠을 잘 수 있었을까요? 침체된 그리스도인의 특징은 잠이 유난히 많이 온다는 것입니다. 아침에도 잠이 오고 낮에도 잠이 오고 저녁에도 잠이 옵니다. 특히 예배 시간에는 몸을 가눌 수 없을 정도로 잠이 쏟아집니다. 왜 그렇습니까? 자포자기했기 때문입니다. 자포자기하면 잠이 그렇게 쏟아질 수가 없습니다.

폭풍은 영혼이 잠들어 버린 선지자를 깨우는 하나님의 외침이었습니다. 그러나 요나는 그것을 우연으로 치부하고, 더 깊은 곳으로 내려가 잠을 청했습니다. 사람들은 '우연'이라는 말을 많이 합니다. 그러나 하나님의 백성에게는 우연이 없습니다. 흔들리는 풀잎 하나에도 하나님의 음성이 들어 있는데, 이 엄청난 폭풍이 어떻게 우연일 수 있습니까? 이 폭풍은 깨닫지 못하는 자기 백성을 깨우는 하나님의 외침이었습니다. "정신 차려!" 하고 소리치시는 하나님의 소리였습니다. 그런데 요나는 깨우는 소리에 귀를 틀어막고 이불을 몸에 말고 돌아눕는 아이처럼 억지로 그 외침을 외면해 버렸습니다.

집에 갑자기 도둑이 들거나 강도를 만나거나 위기를 당했을 때, 그냥 '재수 없는 일'로 치부하고 넘겨서는 안 됩니다. 그것은 하나님이 무언가 우리에게 경고의 음성을 발하시는 것입니다. 그럴 때 뭐 손해 본 것 없나 확인해 보고 '별거 없구나' 하면서 그냥 자 버리면 안 됩니다. 하나님이 무엇을 경고하시는지, 내가 무엇을 깨닫지 못하고 있는지 점검해 보아야 합니다.

하나님이 폭풍을 사용하셨는데도 요나는 귀를 틀어막고 잠을 자 버렸습니다. 그러자 하나님이 2단계 작전을 사용하셨습니다. 그것은 선장을 내려보내 직접 선지자를 깨우는 것이었습니다. "선장이 나아가서 그에게 이르되 '자는 자여, 어찜이뇨? 일어나서 네 하나님께 구하라! 혹시 하나님이 우리를 생각하사 망하지 않게 하시리라' 하니라"(1:6).

이것은 하나님의 직접적인 음성이었습니다. 목소리는 선장의 것이었지만, 메시지는 분명히 하나님의 것이었습니다. 아마 요나는 다른 사람들이 찾지 못하도록 구석에 숨어서 자고 있었을 것입니다. 그런데도 선장은 그를 찾아냈습니다. 어떻게 찾아냈습니까? 하나님이 그를 보내셨기 때문에 찾아냈습니다. 요나는 도망칠 수 없습니다. 그가 어디에 있어도 하나님이 사람을 보내 찾아내십니다. 선장은 무언가 급히 필요한 도구가 생겨서 배 밑층으로 내려갔을지도 모릅니다. 그런데 거기 아주 얄미운 승객이 누워 있습니다. 지금 다른 사람들은 죽네 사네 하면서 자기 신을 찾아 울부짖고 있고 물건들을 바다에 내던지고 있는데, 그 난리통에 깊이 잠들어 있는 사람이 있는 거예요. 그러니까 너무너무 답답해서 그를 깨우며 소리칩니다. "자는 자여, 어찜이뇨? 일어나서 네 하나님께 구하라!"

어려운 일이 생기면 기도해야 하는데, 믿는 사람이 오히려 더 기도하지 않으니까 하나님이 답답해서 믿지 않는 사람들을 동원하십니다.

"너 교회 다니잖아. 기도라도 한번 해 봐."

"나 기도 잘 못하는데."

"그럼 주기도문이라도 외워 봐. 집사라면서?"

사실 말로만은 부족합니다. 깨닫지 못하는 사람은 한 대 때려주면서 기도하라고 소리쳐야 합니다. 발람을 보십시오. 하도 깨닫지 못하니까 당나귀가 다 선지자를 책망하지 않습니까? 그리스도인이 은혜를 잃으면 믿지 않는 사람보다 더 헤맵니다. 그러면 믿지 않는 사람들이 다 심각하게 생각합니다. 믿지 않는 직원들이 믿는 사장에게 "사장님, 제발 기도원이라도 좀 다녀오세요. 우리가 도저히 못 살겠습니다. 가서 은혜 좀 받고 오십시오" 할 정도라면 갈 데까지 다 간 것입니다. 교인들이 목사님에게 "제발 어디 가서 한 달이라도 기도 좀 하고 오세요"라고 부탁할 정도라면 갈 데까지 다 간 것입니다.

그러나 요나는 선장의 책망을 듣고서도 깨닫지 못했습니다. 그러자 하나님이 세 번째 방법을 동원하십니다. 그것은 단도직입적으로 이 재앙의 원인이 누구인지 드러내시는 것입니다. 그 전까지 이 선지자는 절대 제 입으로 죄를 자백하지 않을 것입니다. 하나님은 그 배 안에 있던 사람들로 하여금 제비를 뽑아 범죄자를 찾아내게 하셨습니다. "그들이 서로 이르되 '자, 우리가 제비를 뽑아 이 재앙이 누구로 인하여 우리에게 임하였나 알자' 하고 곧 제비를 뽑으니 제비가 요나에게 당한지라. 무리가 그에게 이르되 '청컨대 이 재앙이 무슨 연고로 우리에게 임하였는가 고하라. 네 생업이 무엇이며 어디서 왔으며 고국이 어디며 어느 민족에 속하였느냐?"(1:7-8).

선원들은 폭풍이 닥칠 때 '이 정도로 바다가 날뛰는 것은 엄청난 죄인이 이 배에 타고 있기 때문이다. 한두 명도 아니고 수십 명을 죽인 끔찍한 살인자가 분명 이 배에 탔을 것이다. 그 사람을 찾아내지 않으면 바다가 잔잔해지지 않는다'라고 믿는 식의 미신을 흔히 가지고 있습니다. 하나님은 그런 미신을 사용하여 제비를 뽑게 하셨습니다. 이처럼 하나님이 가끔 점이나 제비를 맞게 하실 때가 있습니다. 예를 들어 예레미야는 바벨론 군대가 예루살렘을 공격할 때 예루살렘으로 갈 것인지, 아니면 다른 나라로 갈 것인지 짐승의 간을 꺼내어 점을 칠 때 그 점괘가 '예루살렘'으로 나올 것이라고 예언했습니다. 즉 하나님이 바벨론 사람들의 점괘까지 이용하셔서 그들을 예루살렘으로 이끌어 오시리라고 말한 것입니다. 또 하나님은 엔돌의 영매를 이용하여 가짜 사무엘의 영을 부르게 하심으로써 사울을 절망케 하셨습니다. 하나님은 바람과 바다만 주장하시는 것이 아닙니다. 믿지 않는 선장의 입만 사용하시는 것도 아닙니다. 이방인들의 점이나 제비, 미신도 주관하여 하나님의 뜻을 이루십니다.

세상에 우연은 없습니다. 모든 것이 다 하나님의 손안에 있습니다. 악한 사람들은 모든 일이 자기 뜻대로 되는 줄 생각하지만, 결국에는 그들의 뜻이 아니라 하나님의 뜻대로 되게 되어 있습니다. 하나님은 하나님의 뜻에 순종하지 않고 숨어 있는 요나를 이방인들 앞에 드러내기 위해 폭풍을 사용하시고 선장을 사용하시고 제비를 사용하셨습니다. 이방인들에게 설교하기 싫어서 도망가던 요나는 결국 이방인들 앞에서 자기 신앙에 대해, 하나님에 대해 증거할 수밖에 없는 처지가 되었습니다.

예수님은 제자들에게 "또 너희가 나를 인하여 총독들과 임금들 앞에 끌려가리니 이는 저희와 이방인들에게 증거가 되게 하려 하심이라"(마 10:18)고 말씀하셨습니다. 하나님의 백성들은 세상에 숨어 살 수가 없습니다. 우리에게는 책임이 있습니다. 그것은 하나님이 누구신지, 우리가 가진 소망이 무엇인지 분명히 증거해야 할 책임입니다. 그런데 그리스도인들이 그 책임을 회피하고, 자기가 그리스도인이라는 것을 숨기고 사는 이유가 무엇입니까? 말로는 예수님을 믿는다고 하지만, 실제로는 예수님의 말씀대로 살기가 싫기 때문입니다. 세상과 어울려서 사는 편이 훨씬 좋기 때문입니다. 그러니까 신분을 감추고 이 세상 사람들과 똑같이 살려 하는 것입니다.

그러나 하나님은 우리가 원하든 원치 않든 이방인들의 법정에 세워서 하나님에 대해, 우리의 소망에 대해 증거하게 하십니다. 하나님은 자신을 모든 열방에 나타내고 싶어하십니다. 그런데 우리는 숨어 살고 싶어하고, 아무 부담 없이 속으로만 믿고 싶어합니다. 그러나 하나님은 그렇게 사는 것을 절대 허용하지 않으십니다. 생각지도 못했던 갈등이나 위기를 통해 우리가 하나님의 자녀라는 사실과 하나님이 어떤 분이신가에 대해 모든 사람 앞에서 고백하게 만드십니다.

요나는 이방인들에게 전도하기 싫어서 도망쳤습니다. 그는 이스라엘 안에서는 위대한 선지자였지만, 이방인들에게는 한 번도 복음을 전한 적이 없었던 것으로 보입니다. 그러나 하나님은 그가 원치 않음에도 불구하고 그를 이방인의 선지자로 세우셨고, 배 위에서 이방인들에게 설교하게 하셨습니다.

이방인 중에 선 선지자

요나는 배 안에 있는 이방인들에게 자기가 누구며 무엇을 하는 사람인지 증거했습니다. "그가 대답하되 '나는 히브리 사람이요 바다와 육지를 지으신 하늘의 하나님 여호와를 경외하는 자로라' 하고"(1:9). 사람들은 이 정도의 폭풍을 몰고 올 죄인이라면 엄청난 살인자일 것이라고 생각했을 것입니다. 그런데 뜻밖에도 그는 하나님을 섬기는 경건한 선지자였습니다.

요나는 자기 자신을 "바다와 육지를 지으신 하늘의 하나님 여호와를 경외하는 자"라고 소개하고 있습니다. 이것을 보면 하나님에 대한 요나의 인식이 변하고 있는 것을 알 수 있습니다. 그는 하나님을 '이스라엘 민족 가운데 계신 분'이라고 생각했습니다. 그런데 도망치고 또 도망치다가 깨달은 것이 무엇입니까? 하나님은 폭풍을 사용하시고 선장의 입을 사용하시고 제비를 사용하셔서 자신을 꼼짝 못하게 잡아내시는 분이라는 것입니다. 만약 그가 좀 더 자세히 이야기할 수 있었다면 "바다와 육지를 지으신 하나님, 선장의 입도 주장하시고 제비 뽑기에도 능하신 하나님"이라고 고백했을지도 모릅니다. 그는 숨바꼭질은 끝났으며 이제 하나님의 손에 붙들리는 일밖에 남지 않았음을 깨달았습니다. 그는 성질 거친 선원들의 포로가 된 것이 아닙니다. 바다와 육지를 주장하시는 하나님의 포로가 된 것입니다.

사람들은 요나의 말을 듣고 굉장히 두려워했습니다. 왜냐하면 무섭기 짝이 없는 하나님의 진노를 자신들이 직접 경험하고 있었기 때문입니다. 그래서 그들은 요나에게 "그렇다면 그 크신 하나님 앞에 도대체 무슨 죄를 지었길래 이렇게 우리를 다 죽이려고 하시느냐?"고 물었습니다. 그 대답이 10절에 나옵니다. "자기가 여호와의 낯을 피함인 줄을 그들에게 고하였으므로 무리가 알고 심히 두려워하여 이르되 '네가 어찌하여 이렇게 행하였느냐?' 하니라."

사람들은 요나가 굉장한 죄를 지어서 이런 폭풍이 온 줄 알았습니다. 그런데 말을 듣고 보니 단순히 하나님의 말씀을 거역한 죄밖에 없다는 것입니다. 말씀을 한 번 거역한 선지자에게 이 정도로 진노하시는 하나님이라면, 매일 죄를 먹고 마시며 타락할 대로 타락한 자신들에게는 얼마나 크고 무섭게 진노하시겠습니까?

하나님이 요나 선지자의 죄를 먼저 들추어내신 것은 그 배에 탄 다른 사람들에게는 아무 죄도 없었기 때문이 아닙니다. 하나님은 먼저 요나 선지자의 죄를 들추어내심으로써 하나님이 어떤 분이

신지 깨닫게 하기를 원하셨습니다. 요나의 말을 들은 이방인들은 크게 두려워했습니다. 선지자의 회개는 그 어떤 설교보다 힘이 있었습니다. 하나님은 불신자들에게 하나님을 전하기 전에 우리 자신의 죄부터 자복하기 원하십니다. 하나님의 백성들이 말씀대로 살지 않으면서 죄 없는 사람인 양 행세하는 것보다 더 하나님을 욕되게 하는 일이 없습니다.

우리 믿는 사람들이 말씀대로 제대로 살지 않을 때, 믿지 않는 사람들에게 얼마나 많은 고통을 주게 되는지 모릅니다. 요나의 말을 들은 사람들은 "네가 어찌하여 이렇게 행하였느냐?"고 묻습니다. '우리야 하나님을 모르니 죄를 밥 먹듯이 할 수밖에 없었지만, 너는 하나님의 선지자면서 왜 말씀을 거역해서 우리를 다 죽게 만드느냐?'는 것입니다. 교회에서 세상으로 은혜가 흘러가지 않으면 세상은 소망이 없습니다. 그리스도인들에게 기쁨이 없고 희망이 없고 여유가 없다면, 세상은 더 볼 것도 없습니다. 불신자들이 항변하는 바가 바로 이것입니다. "너희는 그래도 하나님을 안다고 하는 사람들 아니냐? 그런데 왜 그런 사람들이 하나님의 뜻을 거역해서 그렇지 않아도 살기 힘든 세상을 더 힘들게 만드느냐?"는 것입니다. 오늘날 이 세상이 이렇게 살기 힘든 이유는 우리가 하나님의 낯을 피해 도망치고 있는 데 있습니다. 그렇게 도망치면 갈 데가 있을 것 같습니까? 어디로 가면 하나님의 음성이 들리지 않을 것 같습니까?

요나가 이 침체의 늪에서 벗어나는 것은 스스로 하나님의 포로가 되었다는 사실을 깨달았을 때부터입니다. '이제는 하나님께 붙들렸구나. 이제는 도망칠래야 도망칠 수가 없구나' 하는 것을 깨닫는 순간부터 요나의 총명이 돌아오기 시작합니다. 물론 그렇다고 문제가 다 끝난 것은 아니었습니다. 하나님은 더 철저한 회개를 원하셨습니다. 그러나 요나가 모든 사람 앞에 자신의 신분을 드러내는 것을 분기점으로, 이제는 밑으로 떨어져도 알고 떨어지게 되었습니다. 지금까지는 모르고 맞았지만, 지금부터는 알고 맞는 것입니다. 여기에는 엄청난 차이가 있습니다.

오늘 성경이 우리에게 말씀하고 있는 바가 무엇입니까? 하나님의 말씀이 분명한데도 그 말씀을 거역할 때, 한순간에 인생 밑바닥으로 굴러 떨어질 수 있다는 것입니다. 그리스도인들에게 최고로 위험한 것은 일부러 말씀의 난청지대로 들어가는 것입니다. 의도적으로 하나님으로부터 멀어지는 길을 선택하는 것입니다. 그러면 결국 바닥까지 굴러 떨어지게 되어 있습니다.

하나님은 어려울 때 우리가 기도하기를 원하십니다. 경제적인 어려움이나 많은 사람들이 겪고 있는 고통의 문제를 놓고 기도하기를 원하십니다. 만약 우리가 자기 문제에 빠져 허우적거리며 침체되어 있으면, 믿지 않는 사람들이 나서서 "당신 그리스도인 아니냐? 그러면 기도라도 좀 하라"고 책망할 것입니다. 하나님은 우리가 영적 게으름에 빠져 있는 것을 원치 않으십니다. 세상 사람들은 다 절망해도 우리는 소망을 가져야 합니다. 우리는 하나님을 믿는 사람들 아닙니까? 전지전능하신 하나님을 붙들고 있는 사람들 아닙니까? 그런데 우리가 절망하고 낙심하고 침체되면 어떻게 합니까? 그렇게 되면 오히려 세상 사람들이 나서서 우리를 책망할 것입니다.

오늘 우리에게 필요한 일은 갑자기 앞길이 열리거나 많은 돈이 생기는 것이 아닙니다. 오늘 우리에게 정말 필요한 일은 새로운 하나님을 발견하는 것입니다. 지금까지 내가 생각하고 있던 작은 하나님, 왜소한 하나님이 아니라 말씀 한마디로 온 세상을 뒤집어 엎으시며 절망 가운데 생명 길을 내시고 태풍과 바다와 그 가운데 모든 것을 주장하시는 하나님, 전지전능하신 하나님을 발견하는 것만이 오늘 다시 한 번 능력 있는 삶을 살 수 있는 길입니다. 내 생각 속에 제한되어 있는 작은 하나님은 참 하나님이 아닙니다. 참 하나님은 엄청나게 크고 위대한 분이십니다. 우리는 이 하나님을 세상에 나타내고 증거해야 합니다.

3

——

바다에 빠진 선지자

요나 1:11-17

1:11 바다가 점점 흉용한지라. 무리가 그에게 이르되 "우리가 너를 어떻게 하여야 바다가 우리를 위하여 잔잔하겠느냐?"

12 그가 대답하되 "나를 들어 바다에 던지라. 그리하면 바다가 너희를 위하여 잔잔하리라. 너희가 이 큰 폭풍을 만난 것이 나의 연고인 줄을 내가 아노라" 하니라.

13 그러나 그 사람들이 힘써 노를 저어 배를 육지에 돌리고자 하다가 바다가 그들을 향하여 점점 더 흉용하므로 능히 못한지라.

14 무리가 여호와께 부르짖어 가로되 "여호와여, 구하고 구하오니 이 사람의 생명 까닭에 우리를 멸망시키지 마옵소서. 무죄한 피를 우리에게 돌리지 마옵소서. 주 여호와께서는 주의 뜻대로 행하심이니이다" 하고

15 요나를 들어 바다에 던지매 바다의 뛰노는 것이 곧 그친지라.

16 그 사람들이 여호와를 크게 두려워하여 여호와께 제물을 드리고 서원을 하였더라.

17 여호와께서 이미 큰 물고기를 예비하사 요나를 삼키게 하셨으므로 요나가 3일 3야를 물고기 배에 있으니라.

1:11-17

오늘날 많은 이들이 하나님에 대해 오해하고 있는 것이 있습니다. 그것은 하나님이 믿는 사람들만 이기적으로 사랑하시고 믿지 않는 사람들은 무조건 미워하신다는 것입니다. 불신자들만 그렇게 생각하는 것이 아닙니다. 신자들도 그렇게 생각합니다. 그래서 불신자들이 잘사는 것을 보면 '이럴 리가 없는데, 저런 사람들은 망해야 되는데' 하면서 혼란에 빠지고, 자신에게 어려운 일이 생기면 '왜 열심히 믿으려고 노력하는 나에게 이런 일이 생길까?' 하면서 원망합니다.

그러나 하나님은 불신자들을 사랑하고 아끼십니다. 그래서 불신자들이 어떤 계기를 통해 회심까지는 하지 않는다 해도 하나님을 두려워하는 마음을 가지게 될 때 아주 기뻐하십니다. 우리는 불신자들은 만 명이든 10만 명이든 망하더라도 믿는 사람 한두 명이 복 받고 잘사는 것을 하나님이 기뻐하신다고 생각하기 쉽습니다. 그러나 하나님은 오히려 신앙 좋은 사람들 한두 명이 어려움을 당하더라도 신앙 없는 사람들 만 명, 10만 명이 복 받기를 원하십니다. 그렇기 때문에 불신자들 틈에 섞여 사는 자기 백성들을 때로 징계하시는 것입니다. 불신자들은 죄를 지어도 아무 탈 없이 잘살게 내버려 두시면서 자기 백성의 작은 죄는 들추어내서 징계하시는 것은, 하나님이 우리 생각처럼 이기적인 분이 아니라 참으로 이방인들에게 복 주기 원하는 분임을 나타내시기 위해서입니다. 그러므로 우리는 고난이나 시련을 당할 때 이상하게 생각해서는 안 됩니다. 오히려 '아, 하나님은 우리의 고통을 통해서 우리의 교만을 깨닫게 하시고, 우리가 회개하는 모습을 통해 하나님을 모르는 저 사람들을 구원하길 기뻐하시는구나' 하고 생각해야 합니다.

우리는 이 중요한 교훈을 요나를 통해 배울 수 있습니다. 요나와 함께 배에 타고 있던 사람들은 새로운 한 신에 대한 이야기를 듣게 되었습니다. 그 신은 히브리인들의 하나님, 여호와였습니다. 아마 그 배에 탄 사람들 중에서 '여호와'라는 이름을 들어 본 사람은 거의 없었을 것입니다. 그 정도로 여호와는 그 당시에 널리 알려진 신이 아니었습니다. 그런데 이제 요나를 통해 그 신에 대한 몇 가지 놀라운 사실들을 알게 된 것입니다.

우선 그들이 알게 된 것은, 여호와가 바람과 바다를 주장하는 신이라는 것이었습니다. 요나의 말처럼 그가 하나님의 명령을 거역하고 도망쳤기 때문에 이 무서운 바람과 파도가 일어났다면, 그가 믿는 하나님은 바람과 바다를 자기 마음대로 동원할 수 있는 신이 분명했습니다. 요나 자신도 여호와를 "바다와 육지를 지으신 하늘의 하나님"으로 소개했습니다.

그러나 그보다 더 이들을 놀라게 한 것은, 이 하나님이 진노한 이유였습니다. 그들은 무서운 폭풍이 부는 것을 보면서 '이 정도의 폭풍을 불러올 죄인이라면 그야말로 극악무도한 죄를 지은 자일 것'이라고 생각했습니다. 그러나 여호와는 단지 요나가 그의 말씀에 불순종해서 도망을 쳤기 때문에 이렇게 크게 진노했다는 것입니다. 그렇다면 날마다 죄를 먹고 마시듯이 살고 있는 자신들은 과연 어떻게 되겠습니까?

이제 그들은 이 신 앞에서 살아날 수 있는 방법을 찾아내야 합니다. 어떻게 하면 이처럼 무서운 하나님의 진노를 가라앉히고 살아날 수 있는지 그 방법을 찾아내야 합니다.

죄에 진노하시는 하나님

우리는 얼마나 자기중심적인 사람들인지, 남이 정식으로 항의하기 전까지는 자기 행동이 남에게 피해를 주고 있다는 사실을 깨닫지 못할 때가 많이 있습니다. 밤늦게까지 술 마시면서 떠들고, 부부싸움을 하고, 음악을 크게 틀어 놓는 것이 이웃들에게 얼마나 큰 피해가 되는지 모를 때가 많아요. 요나와 배에 탄 사람들도 이렇게 미쳐 날뛰는 바다를 보기 전까지는, 하나님을 무시하고 불순종하면서 사는 것이 하나님께 얼마나 큰 피해와 고통이 되는지 알지 못했습니다. 도저히 살 가망이 없어서 물건을 바다에 던지고 그래도 안 돼서 제비를 뽑아 죄인을 찾기 전까지, 그들은 그 성난 바다가 하나님의 항의의 표시라는 것을 깨닫지 못했습니다. 우리는 하나님이 극단적인 방법을 사용하여 우리의 생존을 위태롭게 만드시기 전까지는, 우리의 행위가 얼마나 하나님의 거룩하심에 큰 피해와 고통이 되는지 알지 못합니다.

이제 그들은 비로소 이 폭풍이 요나의 불순종에 대한 하나님의 진노임을 깨닫게 되었습니다. 그래서 그들은 요나에게 물었습니다. "바다가 점점 흉용한지라. 무리가 그에게 이르되 '우리가 너를 어떻게 하여야 바다가 우리를 위하여 잔잔하겠느냐?'"(1:11) 무슨 뜻입니까? '네 말대로 지금 이 무서운 폭풍이 히브리인들이 섬기는 하나님의 진노라면, 과연 어떻게 해야 그 진노를 누그러뜨릴 수 있겠느냐?'는 것입니다. 이미 요나는 하나님의 진노를 건드렸고, 하나님의 심판은 시작되었습니다. 그런데 과연 이 심판을 중지시킬 방법이 있겠습니까?

지금 이 사람들은 두 가지 사실 때문에 두려워하고 있습니다. 첫째는 그들 앞에서 진노하고 계신 이 하나님은 '진짜' 하나님이라는 사실입니다. 둘째는 그 하나님의 진노를 누그러뜨릴 방법을 찾을 수가 없다는 사실입니다. 지금 이들은 이 방법 저 방법 시도해 볼 수 있는 처지가 못 됩니다. 자칫 잘못하면 전부 다 죽을 수밖에 없습니다. 결국 이들은 하나님을 아는 요나에게 그 방법을 물을 수밖에 없었습니다. 그래서 자신들이 죄인으로 잡아낸 바로 그 사람에게 살 길을 물었습니다.

그 질문에 요나는 무엇이라고 대답했습니까? "그가 대답하되 '나를 들어 바다에 던지라. 그리하면 바다가 너희를 위하여 잔잔하리라. 너희가 이 큰 폭풍을 만난 것이 나의 연고인 줄을 내가 아노라' 하니라"(1:12). 요나는 하나님의 진노를 잠잠케 하려면 자신이 죽어야 한다고 말했습니다. 자신 때문에 이 무서운 풍랑이 일어나게 되었으니, 여기에서 살아나려면 자신을 바다에 던져야 한다는 것입니다. 우리는 요나의 이 말이 얼른 이해가 되지 않습니다. 요나는 하나님의 용서하심을 몰랐던 것일까요? 그가 알았던 하나님은 그처럼 무서운 하나님입니까? 왜 그는 용서하시는 하나님을 주장하지 못하고, 자기를 바다에 던지라고 했습니까?

이방인들의 제사 풍습을 보면 그들에게도 어느 정도 진노하는 신에 대한 인식이 있었다는 것을 알 수 있습니다. 그들이 제사를 드릴 때 제물을 바쳤던 것은, 희미하게나마 이러한 인식이 있었기 때문입니다. 그러나 그들은 신이 진노하는 이유를 '정성의 부족'에서 찾았고, 따라서 그 진노를 해결하려면 신에게 성의와 정성을 표현해야 한다고 생각했습니다. 그래서 극단적인 경우, 최고의 정성을 바치기 위해 사람을 희생시켰습니다. 우리나라 역사에서도 인신제사와 흡사한 흔적을 찾을 수 있습니다. 통일신라 시대 기록을 보면, 성덕대왕 신종을 제작하기 위해 34년이나 공을 들였는데도 실패를 거듭하자 젖먹이 어린아이를 끓는 쇳물에 던져 넣었다는 이야기가 나옵니다. 그러자 종에서 신묘한 소리가 나게 되었고, 그 소리가 마치 어미를 부르는 소리 같아서 '에밀레종'이라는 별칭이 붙었다는 것입니다. 또 《심청전》을 보면 바다의 풍랑을 막기 위해 처녀를 바쳤던 뱃사람들의 풍습이 중요한 소재로 등장하고 있습니다.

그러나 사람들이 몰랐던 것이 무엇입니까? 하나님이 진노하시는 것은 정성이 부족해서가 아니라는 사실입니다. 하나님은 인간의 무성의와 무관심에 진노하시는 것이 아니라, 교만과 불순종에 진노하십니다. 그리고 그 진노를 해결하는 방법은 오직 그 죄를 지은 사람의 죽음밖에 없습니다. 요나가 말한 바가 바로 그것입니다. 자신은 하나님 앞에 교만하여 그의 말씀에 불순종하는 죄를 지었으므로 마땅히 죽어야 한다는 것입니다. 그는 이방인들 앞에서 자신이 제비 뽑히는 것을 보면서, 자신의 죄가 하나님의 거룩하심을 얼마나 손상시켰으며 하나님의 마음을 얼마나 아프게 했는지 알게 되었습니다. 요나는 자기만 도망치면 하나님이 아무것도 하실 수 없는 것처럼 생각했던 것이 얼마나 큰 교만이었는지 깨달았습니다. 그것은 도저히 용서를 구할 수 없을 만큼 무서운 죄였습니다.

어떤 그리스도인이 몰래 포르노 영화를 보았다고 합시다. 그는 그 영화를 보면서 누구한테 들키지는 않을까 전전긍긍합니다. 그리고 끝까지 무사히 보고 나서는 아무에게도 들키지 않은 것, 창피를 당하지 않은 것만 다행스럽게 생각합니다. 그런데 시간이 지나면 어떻게 됩니까? 자기의 행동이 얼마나 하나님을 멸시하는 짓이며 자기 자신을 비참하게 만드는 짓인지 깨닫게 됩니다. 그럴 때 절로 드는 생각이 '이런 죄를 짓다니, 나는 죽어야 해!'라는 것입니다. 평소에는 하나님이 얼마나 두려운 분인지 잘 알지 못합니다. 그래서 사람들의 눈만 피한 것을 다행스럽게 생각합니다. 그러나 일단 하나님이 직접 국문하기 시작하시면, 그때 머릿속에 생각나는 것은 오직 죽음밖에 없습니다. "하나님, 저는 죽어 마땅한 사람입니다! 살 자격이 없습니다!"라고 외치면서 100퍼센트 하나님의 자비에 자신을 맡기지 않을 수 없습니다.

요나는 자신이 얼마나 하나님을 업신여겼으며 얼마나 하나님 앞에 교만했는지 깨달았습니다. 그리고 이런 무서운 죄에 대한 심판은 오직 죽음밖에 없다는 것을 알았습니다. 그러나 배에 탔던 사람들은 요나의 죄가 그렇게 죽임 당할 만한 죄라고 생각하지 않았습니다. "아니, 사람이 한 번 순종하지 않을 수도 있는 거지, 그렇다고 해서 바다에 던져 버리면 우리 같은 사람들은 기름에 수백 번 튀겨져야겠네. 이 죄 같지도 않은 죄 가지고 어떻게 사람을 바다에 던져?" 하면서, 어떻게 해서든지 다른 방법으로 문제를 해결해 보려고 애를 썼습니다. 그러나 그들의 노력은 모두 허사로 돌아가고 말았습니다. "그러나 그 사람들이 힘써 노를 저어 배를 육지에 돌리고자 하다가 바다가 그들을 향하여 점점 더 흉용하므로 능히 못한지라"(1:13).

오늘날 사람들은 다른 사람에 대해 죄짓는 것은 죄로 생각해도, 하나님께 대해 죄짓는 것은 죄로 생각하지 않습니다. 그러나 죄 중에 가장 무서운 죄가 바로 하나님 앞에 교만한 것입니다. 자신이 하나님 앞에 티끌만도 못한 존재라는 것을 아는 사람은 감히 죄를 짓지 못합니다. 함부로 남의 것을 빼앗거나 때리거나 죽이지 못해요. 사람들이 그런 죄를 짓고도 계속 뻔뻔하게 얼굴을 들고 다니는 것은 스스로 신의 위치까지 높아진 탓입니다. 오늘날 사람들은 교만이 그렇게 무서운 죄라는 것을 알지 못합니다. 오히려 교만한 사람을 보면 부러워하고, 교만할 거리가 없는 자신을 부끄러워합니다.

그러면 사람들은 언제 이것이 그렇게 무서운 죄인지 깨닫게 됩니까? 하나님의 백성이 고난 가운데 자기 죄를 고백할 때입니다. 하나님은 자기 백성이 교만할 때 내리치십니다. 다른 사람들이 보면 꼭 무슨 큰 죄를 지어서 벌을 받는 것 같습니다. 그런데 그때 성도가 하는 말이 무엇입니까? 자신이 교만했기 때문에 이런 징계를 받는다는 것입니다. 하나님의 말씀에 순종하지 않았기 때문에 이런 징계를 받는다는 것입니다. 하나님의 백성들이 믿지 않는 사람들과 자신을 비교하려 들면, 왜 자기에게 이런 어려움이 닥치는지 도저히 이해할 수가 없습니다. 그들보다 악하게 군 일도 없고 그들보다 게을렀던 적도 없는데 왜 자기만 망했는지 알 수가 없어요. 그러나 신앙적으로 생각하면 자기만 아는 이유가 있습니다. 하나님 앞에 교만했고 하나님을 업신여겼으며 하나님의 말씀에 불순종한 일이 있습니다.

하나님은 자기 백성들에게 세상 사람들보다 높은 수준을 요구하십니다. 그래서 세상 사람들처럼 남의 것을 빼앗지 않았는데도, 남을 때리지 않았는데도, 남을 죽이지 않았는데도, 단지 하나님의 말씀에 불순종한 것만으로도 징계하십니다. 왜 그렇게 하십니까? 그렇게 함으로써 하나님의 공평하심과 의로우심을 나타내시기 위해서입니다. 물론 어떤 불신자들은 "내 교만과 불순종 때문에 하나님의 징계를 받았다"는 성도들의 고백을 우습게 여깁니다. 그러나 지각이 있는 불신자들은 그런 고백을 들을 때 "하나님은 참 공평한 신이구나. 자기 백성들만 이기적으로 사랑하고 다른 사람들은 다 미워하는 줄 알았는데, 오히려 자기 백성의 작은 교만도 그냥 두지 않고 징계하는 분이구나" 하면서 하나님을 두려워하게 됩니다.

우리는 '하나님을 모르는 사람은 망해도 되고 아파도 되고 불행해도 되지만 신앙을 가진 나는 절대 그러면 안 된다'고 생각하는데, 그렇지 않습니다. 하나님은 자기 백성들은 무슨 짓을 해도 용서해 주시고, 불신자들은 불꽃 같은 눈으로 지켜보고 있다가 죄를 지을 때마다 무섭게 심판하고 무더기로 멸망시키는 편협하고 잔인한 분이 아닙니다. 오히려 하나님은 성도들에게 "너희가 좀 망하고 너희가 좀 고생하더라도 저 사람들 좀 살려 보자"고 말씀하시는 분입니다. 그래서 자기 백성들이 교만하거나 말씀에 불순종할 때 크게 실패하게 하시고 믿지 않는 사람들의 구경거리가 되게 하십니다. 그럴 때 "믿지 않는 친척들은 다 건강한데, 왜 저만 이렇게 아픈 겁니까?", "하나님, 도대체 저한테 무슨 감정이 있어서 저만 이렇게 못살게 구시는 겁니까? 믿지 않는 친척들은 다 잘 사는데 저만 이렇게 지지리 궁상이니 이제는 창피스러워서 교회도 못 다니겠습니다" 하면서 원망하면 안 됩니다. 오히려 그렇게 해서라도 믿지 않는 사람들을 깨우치고자 하시는 하나님의 심정에 동참해야 합니다.

요나는 전에는 이방인들의 소중함을 알지 못했습니다. 유대인의 생명이 이방인의 생명에 비해 열 배 백 배 소중한 줄 알았어요. 그런데 하나님은 이방인들을 살리기 위해 그가 죽기를 원하셨습니다. "이 배에 있는 사람들, 나를 모르는 사람들, 매일 술이나 퍼마시고 못된 짓만 골라서 하는 이 뱃사람들을 나는 사랑한다. 너 혼자 살려고 발버둥칠래, 아니면 너 하나 바다에 빠져서 이 사람들을 전부 살릴래?"

요나가 바다에 자신을 던지라고 한 것은 자포자기의 결과도 아니었고 자살행위도 아니었습니다. 물론 그는 자신이 죽임 당해 마땅한 죄를 지었다는 사실을 알았습니다. 그러나 동시에 하나님이 자신의 희생을 통해 이 이방인들을 살리기 원하신다는 것을 알았습니다. 그는 이들을 살리기 위해서라면 자기 목숨은 몇 개라도 바다에 던지겠다는 심정으로 바다에 던져지기를 자청했습니다.

의로운 희생

이제 배에 탄 사람들은 이 위기에서 벗어나는 길은 단 하나밖에 없다는 것을 알게 되었습니다. 그것은 하나님께 죄를 지은 요나를 바다에 빠뜨려 죽이는 것이었습니다. 그러나 그들은 요나를 죽이기를 두려워했습니다. 왜냐하면 그를 의로운 자로 생각했기 때문입니다. 그래서 어떻게 기도했습니까? "무리가 여호와께 부르짖어 가로되 '여호와여, 구하고 구하오니 이 사람의 생명 까닭에 우리를 멸망시키지 마옵소서. 무죄한 피를 우리에게 돌리지 마옵소서. 주 여호와께서는 주의 뜻대로 행하심이니이다' 하고"(1:14).

요나는 "나는 죄인이고, 그렇기 때문에 죽어야 한다"고 고백했습니다. 그러나 그 배에 탄 사람 어느 누구도 그를 죄인이라고 생각하지 않았습니다. 사실 자신들에 비하면 요나는 훨씬 의로운 사람이었습니다. 그들이 요나의 고백을 듣고 깨달은 것은 요나의 죄가 아니라 자신들의 죄였습니다.

성령이 역사하시면 자신이 하나님 앞에 죄인이라는 것을 깨닫게 됩니다. 엘리야 때 이스라엘에는 3년 반 동안 비가 내리지 않았습니다. 하나님은 엘리야를 이방 땅 시돈의 한 마을에 사는 과부의 집에 보내셨고, 그 과부는 마지막 남은 가루와 기름으로 엘리야를 대접했습니다. 그러자 그때부터 그 집에 가루와 기름이 끊이지 않는 역사가 일어났습니다. 그러던 중에 그 과부의 하나밖에 없는 아들이 죽어 버렸습니다. 그때 과부가 한 말이 무엇입니까? "하나님의 사람이여, 당신이 나로 더불어 무슨 상관이 있기로 내 죄를 생각나게 하고 또 내 아들을 죽게 하려고 내게 오셨나이까?" (왕상 17:18). 무슨 말입니까? 사람은 하나님의 은혜를 받으면 받을수록, 성령의 역사를 경험하면 경험할수록 자기 죄를 생각하게 되어 있습니다. 하나님의 빛 안에서 어려움을 겪으면 자연히 자기의 죄를 생각하게 되어 있어요. 만약 이 이방인 여자가 엘리야를 만나지 못하고 그냥 굶어 죽었다면 죄가 무엇인지 몰랐을 것입니다. 그러나 엘리야를 만나서 하나님의 큰 축복을 받던 중에 아이가 죽자 자기 죄를 생각하게 되었습니다. 그리고 하나님은 그 여자의 죽은 아이를 살려 주심으로써 하나님의 용서를 체험적으로 느끼게 해 주셨습니다.

배에 탔던 사람들은 하나님이 누구신지, 선지자가 뭐 하는 사람인지 전혀 알지 못했습니다. 그러나 무서운 풍랑 중에 요나의 고백을 들었을 때, 자신들의 죄를 생각하게 되었습니다. 선지자가 하나님의 말씀 한 가지에 불순종했는데 이렇게 무섭게 징계하시는 것을 보면서, 자신들은 요나보다 수천 배 수만 배 큰 죄인이며 바다에 던져져야 할 사람은 요나가 아니라 바로 자기 자신들임을 깨닫게 되었습니다. 만약 그가 죽어야 한다면 자신들은 수천 번 수만 번 죽어 마땅할 것입니다. 그래서 그들은 어떻게 해서든지 요나를 바다에 던지지 않고 살려 보려고 몸부림을 쳤습니다.

요나가 깨달은 것이 무엇입니까? 그가 가장 먼저 깨달은 것은 자신이 하나님의 명령을 피해 도망친 것은 너무나 큰 교만으로서, 자신은 죽어 마땅한 죄인이라는 사실이었습니다. 그런데 시간이 조금 더 지나면서 깨닫게 된 것은 하나님이 그분을 모르는 인생들을 귀히 여기시고 사랑하신다는 사실, 그래서 자기 백성들의 환난을 통해서라도 그들을 용서하고 구원하기를 기뻐하신다는 사실이었습니다. 요나는 자기 한 사람이 죽음으로써 이 배에 탄 이방인들을 전부 살릴 수 있다는 것을 알았습니다. 풍랑이 일어났을 때 배에 탄 모든 사람들에 대한 하나님의 판결은 확정적인 것이었습니다. 그들은 전부 죽어야 했습니다. 그러나 요나 한 사람이 죄를 지고 바다에 던져졌을 때, 하나님은 그들을 긍휼히 여겨서 살려 주셨습니다. 그래서 요나는 자발적으로 죽음의 길을 택했던 것입니다.

오늘 본문을 보면 배에 탄 사람들이 요나를 미워한 흔적을 찾아볼 수 없습니다. 그들은 어떻게 해서든지 그를 살려 보려 했습니다. 왜 그렇게 했을까요? 자신들은 모두 하나님 앞에서 죄인이라는 공감대가 형성되었기 때문입니다. 그들에게는 자신들을 살리기 위해 요나가 대신 죽는다는 희미한 인식이 있었습니다. 그들이 깨달은 바가 무엇입니까? 하나님의 진노를 가라앉히는 길은 오직 대속의 죽음뿐이라는 사실입니다. 자신들이 지금까지 해 왔던 식으로 힘없는 여자나 노예를 바다에 던져서 신의 환심을 사는 것이 아니라, 자기들 중에 가장 의로운 한 사람이 모든 이들의 죄를 대신 지고 죽을 때 비로소 하나님의 진노를 가라앉힐 수 있다는 사실입니다.

예수 그리스도께서 하신 일이 바로 이것입니다. 하나님은 우리를 사랑하시지만 죄 때문에 우리를 심판하실 수밖에 없었습니다. 그런데 그리스도께서 그 모든 죄를 뒤집어쓰심으로써 하나님으로 하여금 우리를 용서하시고 축복하실 수 있게 하셨습니다.

오늘 우리는 각자의 문제들을 산더미같이 짊어지고 이 자리에 나왔습니다. 그런데 주님은 그 무거운 짐을 내려놓고 다른 영혼들의 소중함을 보기를 원하십니다. 만약 나나 우리 집이 좀 어려움을 겪음으로써 하나님이 다른 사람들에게 알려질 수 있으며 복음이 증거될 수 있다면 어떻게 하겠습니까? 요나는 폭풍을 피하지 않았습니다. 오히려 폭풍 한가운데로 자기를 던지라고 말했습니다. 그런데 그것이 결국은 남을 살릴 뿐 아니라 자신도 사는 길이 되었습니다.

사랑하는 성도 여러분, 우리는 고난을 두려워해서는 안 됩니다. 우리가 이유 없이 고난당할 때, 그 고난을 통해 구원받는 자들이 반드시 있다는 것을 알아야 합니다. 요셉을 생각해 보십시오. 그의 의로운 고난이 그의 가족을 살리고 온 애굽 사람들까지 살리지 않았습니까? 오늘 하나님은 우리에게 물으십니다. "나는 나를 모르는 사람들, 죄를 먹고 마시는 사람들을 사랑한다. 그들을 살리기 위해 믿는 너희는 어떤 길을 택하겠느냐?"

희생의 결과

마침내 사람들이 요나를 들어 바다에 던졌을 때 무슨 일이 일어났습니까? 첫째로, 그렇게 무섭게 날뛰던 바다가 잔잔해졌습니다. 아마 사람들은 요나의 말을 들으면서도 반신반의했을 것입니다. 왜냐하면 그의 말은 가장 그럴듯한 해석일 뿐, 확실히 검증된 바는 아니었기 때문입니다. 어쩌면 지금까지 일어난 일이 전부 우연의 일치였을 수도 있습니다. 요나가 하나님을 피해 도망친 것과 풍랑을 만난 것과 제비 뽑힌 것이 다 상관없는 일인데, 어쩌다가 우연히 맞아떨어졌을 수도 있어요. 선지자의 말이라고 해서 다 맞는 것은 아니지 않습니까? 요나의 말은 단지 이런 사건들에 대한 주관적 해석에 불과할 수도 있지 않습니까? 그런데 요나의 말대로 그를 바다에 던졌을 때, 갑자기 바다가 잔잔해졌습니다. 이것은 이 모든 일들이 우연히 일어난 것이 아니며, 요나가 한 말이 전부 사실임을 보여 주는 증거였습니다.

오늘날 그리스도인들은 하나님의 인도를 믿으면서도 자꾸 '우연일 수도 있다'고 생각하려는 경향이 있습니다. 기도해서 병이 나았는데도 '기도도 기도지만, 그보다는 유능한 의사를 만났기 때문에 나은 것이 아닐까?' 하고 생각합니다. 자연적인 것들은 가만히 내버려 두면 전부 악화되게 되어 있습니다. 전부 분해되게 되어 있고 부패하게 되어 있습니다. 그런데 무언가 개선되었고 무언가 새로워졌다면 그것은 하나님이 개입하신 결과이고 기도의 응답이며 성령의 역사입니다. 그것을 의심하면 안 됩니다. "물론 그럴 수도 있겠지만, 어쩌다 우연히 맞아떨어진 것일 수도 있지 않습니까?" 같은 말 하면 안 됩니다. 이 세상에 우연히 일어나는 일은 없습니다.

그래서 눈에 보이는 상황보다 중요한 것이 그 상황을 보는 눈입니다. 믿음의 눈으로 상황을 해석할 때, 결국 그 믿음대로 모든 일이 이루어지게 되어 있습니다. 왜냐하면 믿음은 하나님의 역사를 불러일으키기 때문입니다. 믿음은 하나님을 보좌에서 일어나시게 만듭니다. 여호수아가 가나안에 정탐꾼을 보냈을 때 현실을 더 정확하게 분석한 사람들은 "우리는 그들을 정복할 수 없다"고 말한 열 사람이었습니다. 그러나 중요한 것은 정확한 분석이 아닙니다. 중요한 것은 데이터를 어떻게 해석하느냐 하는 것입니다. 여호수아와 갈렙은 똑같은 데이터를 가지고 정반대의 해석을 내놓았습니다.

우리에게 어려움이 닥칠 때, 중요한 것은 어려움 그 자체가 아닙니다. 그 어려움을 보면서 '나는 망했다'고 생각하는 사람은 망하게 되어 있습니다. 그것이 그의 믿음이기 때문입니다. 그러나 똑같은 어려움을 보면서도 "만만치는 않네요. 하지만 한번 싸워 볼 만합니다. 저는 적어도 이 어려움으로는 망하지 않을 것입니다. 주님은 제가 감당할 수 있는 것만 주시기 때문입니다. 이 어려움이 끝나고 나면 저는 정금같이 나올 것입니다. 그러니까 미리 사인 받아 놓으세요" 하는 사람은 그 믿음대로 정금같이 나오게 되어 있습니다.

요나가 물에 빠지자마자 바다가 잔잔해지는 것을 보면서 사람들은 요나의 말이 전부 사실이었다는 것을 확인했으며, 요나가 믿었던 하나님을 더더욱 두려워하게 되었습니다. 오늘날도 마찬가지입니다. 안 믿는 사람들을 향해 "지금 제게 좀 어려움이 있지만, 하나님은 이 어려움을 통해 여러분을 축복하실 것입니다. 그리고 이 어려움이 끝나고 나면 저는 분명히 영광스럽게 나타날 것입니다"라고 말하면, 정말 그 믿음 그대로 됩니다. 그리고 사람들은 나의 믿음대로 행하신 하나님에 대해 크게 놀랄 것입니다.

오늘 본문을 보면 배에 탄 사람들 가운데 놀라운 회개의 역사가 일어난 것을 볼 수 있습니다. "그 사람들이 여호와를 크게 두려워하여 여호와께 제물을 드리고 서원을 하였더라"(1:16). 그들은 반신반의하던 태도를 버리고, 여호와께 제물을 드리고 서원을 했습니다. 무슨 서원을 했을까요? 혹자는 "지금은 짐을 바다에 다 던져서 가진 것이 없으니, 육지에 도착하면 제 재산을 바쳐 제대로 제사를 드리겠습니다"라고 서원했을 것이라고 말하기도 합니다. 그러나 저는 그렇게 생각하지 않습니다. 그들은 아마도 "이제 다시는 다른 신을 섬기지 않겠습니다. 이제 다시는 정욕과 더러움을 위해 살지 않고, 여호와 한 분만 믿으며 살겠습니다"라고 서원했을 것입니다.

그들은 요나 같은 사람이 죽어야 한다면 자신들은 당장 몰살당해도 아무 할 말이 없는 죄인들이라고 생각했습니다. 저 죄인 같지도 않은 죄인을 찾아내서 죽이는 하나님은 정말 무서운 하나님일 것이라고 생각했습니다. 그런데 자신들에 비할 때 오히려 의인이라고 해야 할 사람을 바다에 던짐과 동시에 진노를 그치시고 자신들을 무조건적으로 용서하시며 살려주신 것을 보면서, 하나님을 새로운 눈으로 보게 되었습니다. 인간적으로 생각할 때는 별것도 아닌 선지자의 죄에는 그렇게 진노하셔서 그를 죽이신 하나님이 자신들에게는 찬란한 햇빛을 비추어 주시고 평안한 항해를 허락하셨을 때, 그들은 그 자비와 사랑 앞에 '이제는 하나님만 섬기겠다'는 서원을 하지 않을 수 없었을 것입니다.

하나님은 지금까지 하나님을 모르던 사람들이 조금이라도 하나님을 알고 이런 결단을 내리는 것을 굉장히 기뻐하십니다. 그들이 드린 예배는 이스라엘 백성들이 보기에 너무나 격식도 없고 형편없는 것이었을지 모릅니다. 그러나 하나님은 구원의 기쁨으로 드리는 이런 예배를 아주 기쁘게 받으십니다. 날마다 술 퍼마시고 죄짓던 사람이 '에라, 예배당에 한번 가 줘 볼까?' 하는 마음만 먹어도 하나님은 기뻐하시고 축복하시고 예배당 오는 길을 순탄하게 열어 주십니다.

하나님은 믿지 않는 사람들을 굉장히 사랑하십니다. 물론 믿는 사람들은 더 사랑하십니다. 그러나 우리가 이기적이 되어서 '하나님은 나만 사랑한다'고 생각하지 않도록 우리를 먼저 징계하시고 우리를 더 낮추셔서 믿지 않는 사람들의 도움으로 살게 하십니다. 그러니 어떻게 합니까? 그들을 위해 기도해 주지 않을 수 없습니다. 그러면 그들에게 축복이 임합니다.

사실 우리도 만만치 않은 죄인들입니다. 그러나 믿지 않는 사람들에 비하면 그래도 좀 낫다고 할 수 있습니다. 그럼에도 불구하고 하나님은 "너희 마음을 좀 열어라. 신앙은 절대로 이기적인 것이 아니다. 다른 사람의 생명도 너희 생명만큼이나 소중하다. 그들을 위해 너희가 고난받을 준비를 하라"고 말씀하십니다.

한편 바다에 빠진 요나는 어떻게 되었습니까? "여호와께서 이미 큰 물고기를 예비하사 요나를 삼키게 하셨으므로 요나가 3일 3야를 물고기 배에 있으니라"(1:17). 다른 사람들을 살리기 위해 죽음의 길을 선택한 요나는 죽지 않았습니다. 지중해 바다 한복판에 던져진 사람이 어떻게 살 수 있겠습니까? 그러나 죽으려고 마음먹었던 요나는 살아 있었습니다.

예수님은 "누구든지 제 목숨을 구원코자 하면 잃을 것이요 누구든지 나를 위하여 제 목숨을 잃으면 찾으리라"(마 16:25)고 말씀하셨습니다. 하나님의 말씀을 붙들고 죽고자 하는 사람은 이상하게 살게 되어 있습니다. 그러나 말씀을 버리고 잘살려고 하는 사람들은 처음에는 형통한 것 같아도 나중에 보면 그 영혼이 죽어 있는 것을 볼 수 있습니다.

하나님은 요나가 바다에 던져지기 전에 이미 큰 물고기를 준비해 놓으셨습니다. 그 물고기가 어떤 종류의 물고기였는지는 알 수 없습니다. 고래라고 하는 사람도 있지만, 고래는 목구멍이 좁아서 사람처럼 큰 물체를 삼킬 수 없다고 합니다. 또 상어라고 하는 사람도 있지만, 정확한 사실은 알 길이 없습니다. 어쨌든 요나는 3일 동안 물고기 뱃속에 있었고, 그 안에서 철저하게 변화되었습니다.

말씀을 붙들고 한번 죽어 보십시오. 절대로 죽지 않습니다. 물론 당장 보기에는 사회적 폐인이 된 것 같고 한없이 무능한 사람이 된 것 같습니다. 그러나 죽지는 않습니다. 비실거리면서도 살아 있어요. 그 대신 그는 무섭게 변화됩니다. 그가 다시 재기할 때에는 세상이 감당할 수 없는 용사가 되어 있습니다. 그래서 우리에게 필요한 것이 '말씀을 붙들고 인생 밑바닥까지 한번 내려가 보겠다'는 결단입니다. 고난이 닥쳤을 때 살아 나올 수 있는 길은 그 고난의 한복판으로 들어가서 정면돌파하는 것입니다. 그 한복판에 출구가 있습니다. 하나님이 어려움을 주셨습니까? "나를 이 폭풍 한가운데 던지라!"고 외치십시오. 그러면 살아납니다.

오늘 말씀이 우리에게 증거하는 것이 무엇입니까? 하나님은 회개하는 자기 백성을 통해 이방인들 가운데 자신을 나타내기를 기뻐하시는 분이라는 것입니다. 하나님은 우리만 편애하는 분이 아닙니다. 예수 믿는 사람은 아무리 못된 짓 해도 천국 가게 하시고 믿지 않는 사람은 믿지 않는다는 이유만으로 지옥 보내시는 그런 분이 아니에요. 하나님은 오히려 자기 백성들에게 남은 한 방울의 교만과 불순종까지 짜 내심으로써, 하나님을 모르는 사람들에게 긍휼과 자비를 나타내시는 분입니다. 그래서 우리에게 어려움을 주어 겸손하게 하시고, 그렇게 겸손해진 눈으로 믿지 않는 사람들이 하나님 앞에 얼마나 소중한 존재인지 깨닫게 하시는 분입니다.

다른 사람들이 당하지 않는 어려움을 당할 때 두려워하지도 말고 억울해하지도 마십시오. '아, 나는 모르지만 하나님이 나의 이 환난과 시련을 통해 구원하시려는 사람이 있구나' 생각하고 기꺼이 바다 한복판에 뛰어드십시오. 고난의 신학은 성난 바다를 잔잔케 하는 능력을 가지고 있습니다. 그동안 그리스도인들의 신학은 번영의 신학이었습니다. 그러나 번영의 신학은 위기가 닥칠 때 열매를 맺지 못합니다. 고난을 어떤 눈으로 보느냐가 중요합니다. 고난을 믿음의 눈으로 바라볼 때, 그 믿음은 하나님을 움직이게 되어 있습니다.

우리나라의 어려움을 풀 수 있는 길이 무엇입니까? 믿지 않는 세상 사람들을 살릴 수 있는 길이 무엇입니까? 그것은 우리 그리스도인들이 고난을 두려워하지 않는 것입니다. "바람아, 불어라! 풍랑아, 쳐라! 나를 바다에 던져라. 나는 폭풍 한가운데로 걸어가겠다. 소용돌이 한복판에 몸을 던지겠다"고 할 때 다른 사람들도 살릴 수 있을 뿐 아니라 우리 자신도 살아날 것입니다. 아니, 단순히 살아나는 데 그치는 것이 아닙니다. 정금같이 변화된 사람으로, 온 세상을 변화시키는 능력의 종으로 살아날 것입니다.

4

절망 중에 드린 기도

요나 2:1-4

2:1 요나가 물고기 뱃속에서 그 하나님 여호와께 기도하여

2 가로되 "내가 받는 고난을 인하여 여호와께 불러 아뢰었삽더니 주께서 내게 대답하셨고 내가 스올의 뱃속에서 부르짖었삽더니 주께서 나의 음성을 들으셨나이다.

3 주께서 나를 깊음 속 바다 가운데 던지셨으므로 큰 물이 나를 둘렀고 주의 파도와 큰 물결이 다 내 위에 넘쳤나이다.

4 내가 말하기를 '내가 주의 목전에서 쫓겨났을지라도 다시 주의 성전을 바라보겠다' 하였나이다."

2:1-4

구 소련의 잠수함이 사고로 바다에 가라앉은 적이 있었습니다. 잠수함의 승무원들은 계속 구조신호를 보냈지만 아무도 구하러 오지 않았습니다. 나중에 영국 구조대가 바다 밑으로 내려가 잠수함 해치를 열어 보았을 때, 그 안에 있는 승무원들은 이미 죽어 있었습니다. 만약 우리가 바다 속에 가라앉은 잠수함 속에 갇혀 있다면 심정이 어떻겠습니까? 아마 처음에는 굉장히 무서워할 것입니다. 그리고 발작적으로 울부짖으면서 살려 달라고 소리칠 것입니다. 그러나 아무리 기다려도 도움의 손길이 오지 않을 때, 결국은 체념하고 죽는 순간을 기다릴 것입니다.

오늘 우리는 본문에서 그 핵 잠수함 속에 갇혀 있던 승무원들과 같은 사람을 하나 만나게 됩니다. 그는 요나입니다. 요나가 바다에 던져졌을 때 큰 물고기가 그를 삼켜 버렸습니다. 그 바람에 요나는 물고기 뱃속에 갇힌 채 바다 깊은 곳으로 내려가게 되었습니다. 요나는 죽지 않고 살아 있었습니다. 그러나 그것은 죽음보다 못한 생존이었습니다. 도대체 어떻게 물고기 뱃속에서 빠져나갈 수가 있겠습니까? 설사 빠져나간다 하더라도 밖은 수천 길 깊은 바다 속이었습니다.

요나는 끝없이 아래로 아래로 내려갔습니다. 아마 그는 그렇게 내려가면서 정신을 잃었을 것입니다. 그러다가 의식이 돌아오기 시작하는데 머리가 깨어질 듯 아프고 숨을 쉴 수가 없이 답답합니다. 눈앞은 칠흑 같은 어둠뿐인데, 죽은 것 같지는 않습니다. 도대체 이곳은 어디입니까? 몸을 움직일 수 없이 좁은 데다가 호흡하기조차 힘든 이 캄캄한 곳은 대체 어디입니까?

그곳은 물고기 뱃속이었습니다. 그는 거기에서 빠져나갈 길이 없었습니다. 설사 빠져나간다 하더라도 밖은 수천 길 깊은 바다 속이었습니다. 그럴 때 찾아오는 것이 무엇이겠습니까? 두려움입니다. 발작적인 두려움입니다. 그러나 요나는 조금도 움직일 수 없는 물고기 뱃속에서 발광하는 대신, 하나님과 주파수를 맞춥니다. 거기에서 살아 나올 수 있는지 없는지 염려하지 않고, 적어도 살아 있는 동안 기도를 드리면서 하나님과 주파수를 맞춥니다.

우리는 요나처럼 물고기 뱃속에 들어갈 가능성이 거의 없습니다. 그러나 어느 날 병원에서 진찰을 받았는데, 암 말기라는 진단이 나왔다고 생각해 보십시오. 그때의 심정이 아마 물고기 뱃속에 갇힌 요나의 심정과 같을 것입니다. 아무도 나를 도와줄 수 없습니다. 고통이 점점 심해지는 가운데 서서히 죽음이 다가옵니다. 나중에는 음식뿐 아니라 물 한 방울 넘기지 못합니다. 그럴 때의 고통과 고독이란 이루 말로 표현할 수가 없을 것입니다. 살아 있다는 것 자체가 너무나 무서울 것입니다.

이런 불치의 병에 걸린 것은 아니라 해도, 아무의 도움도 받을 수 없는 답답한 교착 상태에 빠지는 경우도 있을 수 있습니다. 그리스도인들은 이상적인 것을 지향하는 사람들입니다. 그래서 이상적인 목표를 향해 끊임없이 발전하고 있고 변화되고 있을 때 만족을 느낍니다. 그런데 몇 년이 지나도록 불만족스러운 상태에 계속 머물게 될 때, 아무 변화의 조짐도 나타나지 않을 때, 요나와 같은 심정에 빠지게 됩니다. 그럴 때 우리는 과연 어떻게 해야 할까요? 아무도 도와줄 수 없는 깊은 수렁에 빠졌을 때 가장 먼저 해야 할 일은 무엇입니까?

생각하라

요나가 물고기 뱃속이라는 무서운 절망의 자리에서 처음 한 일은 발광하며 몸부림치는 것이 아니었습니다. 그는 하나님 앞에서 자신이 어떤 존재인지를 생각했습니다. 사람이 절망적인 상태에 빠지면 두려움 때문에 소리를 지르고 발작을 하게 되어 있습니다. 그래도 도움을 받지 못하면 결국에는 체념 상태에 빠지게 됩니다. 요나도 인간이었기 때문에 처음에는 깊이 절망하고 두려워했을 것입니다. 그러나 그는 하나님 앞에 달려들어 살려 주시기만 하면 무엇이든지 다 하겠다고 매달리지 않았습니다. 그 대신에 '하나님 앞에서 나는 어떤 존재인가? 하나님 앞에서 나는 지금까지 어떤 모습으로 살아왔는가?'를 생각하기 시작했습니다. 그러자 지중해 천 길 바다 밑에 꼼짝달싹 못한 채 갇혀 있는 물리적인 모습보다 더 기가 막힌 영적인 모습이 눈에 들어왔습니다.

믿지 않는 사람은 절망적인 상황이 닥쳤을 때 자기 성질을 참지 못해서 소리를 지르고 발광하기 쉽습니다. 아무도 듣지 못한다는 것을 알면서도 살려 달라고 소리를 지르면서 물고기 배를 발로 차든지 이로 물어뜯습니다. 그러다가 힘이 빠지면 체념을 하든지 아무 신에게나 도와 달라고 애원합니다. 그러나 하나님의 백성은 그렇게 하지 않습니다. 절망적인 상황이 닥치면 무엇보다 먼저 생각을 합니다. 물론 처음에는 두려워하기도 하고, 도대체 무엇을 어떻게 해야 할지 몰라서 당황하기도 합니다. 그러나 시간이 좀 지나고 나면 조용히 생각을 합니다. 자신이 하나님 앞에서 어떻게 살아왔는지 돌아봅니다. 그러면 하나님을 섬긴다고 하면서도 자기 도취에 빠져 교만하게 살아온 모습이 보이기 시작합니다. 자기의 작은 영역 안에서 절대적인 존재로 군림해 왔다는 사실을 깨닫기 시작합니다. 그것이 바로 자기 신화가 깨지는 순간입니다. 우리는 바닥까지 낮아지기 전까지는 자신의 바른 모습을 모른 채 살아갑니다. 믿는다고 하면서도 자기 잘난 맛에 살아갑니다. 그러다가 절망적인 상황에 부딪치면, 내가 남들과 다른 점이 하나도 없으며 결국 하나님 앞에 아무것도 아닌 존재라는 사실을 인정하게 됩니다.

요나는 자신에 대해 무엇이라고 말하고 있습니까? "내가 말하기를 '내가 주의 목전에서 쫓겨났을지라도 다시 주의 성전을 바라보겠다' 하였나이다"(2:4). 자신이 이런 처지에 처하게 된 것은 하나님 앞에 범죄함으로써 그의 목전에서 쫓겨났기 때문이라는 것입니다. 지금 요나의 상황은 아주 절망적입니다. 물과 깊음에 에워싸여 있고, 산소는 점점 줄어들고 있습니다. "물이 나를 둘렀으되 영혼까지 하였사오며 깊음이 나를 에웠고 바다풀이 내 머리를 쌌나이다"(2:5). 그러나 이보다 더 중요한 사실이 무엇입니까? 자신이 주의 목전에서 쫓겨났다는 것입니다.

요나는 지금 자신의 두 가지 상태를 보고 있습니다. 한 가지는 물리적인 상태입니다. 물고기 뱃속에 꼼짝없이 갇혀 바다 깊은 곳에 빠져 있는 모습입니다. 그는 점점 죽어 가고 있습니다. 그가 살아날 수 있는 가능성은 전혀 없습니다. 누구에게 구조신호를 보낼 수도 없고, 구조신호를 보낸다 한들 구조하러 와 줄 사람도 없습니다. 또 한 가지는 영적인 상태입니다. 그는 '하나님을 속일 수 있다, 하나님을 피할 수 있다'고 생각했습니다. 그러다가 하나님의 목전에서 쫓겨났습니다. 이것이 그의 영적인 상태입니다. 이두 가지 중에 더 심각한 것은 무엇입니까?

어떤 그리스도인의 사업이 망했습니다. 사람들은 그가 재기할 가능성이 전혀 없다고 말합니다. 이것이 그의 물리적인 상태입니다. 그러면 그의 영적인 상태는 어떻습니까? 지금까지 믿는다고 하면서도 기도하지 않았습니다. 믿지 않는 사람들만큼은 아니지만 필요할 때는 거짓말도 했습니다. 사람들 앞에서는 거룩하게 보였을지 모르지만, 혼자 있을 때는 그렇지 못했습니다. 그는 '하나님이 나를 기뻐하시지 않는다'는 것을 알았습니다. 이것이 그의 영적인 상태입니다. 이 두 가지 중에 더 심각한 것은 무엇입니까?

요나는 다짜고짜 보좌 앞으로 달려가서 무조건 살려 달라고 애원하지 않았습니다. 그는 그렇게 할 자신이 없었습니다. 우리가 죄를 지었을 때, 죄를 지어서 징계의 채찍을 맞고 있을 때 드는 생각이 무엇입니까? '하나님께 언제든지 기도할 수 있다는 말은 늘 들었지만 과연 이런 상태에서 기도해도 하나님이 들어주실까?' 하는 것입니다. 요나는 보좌 앞으로 달려가서 애원하는 대신, 자신의 물리적인 상태와 영적인 상태 중에 어느 쪽이 더 심각한가, 어느 쪽이 더 절망적인가를 먼저 생각했습니다. 그리고 영적인 상태가 더 심각하다는 결론을 내렸습니다. 그는 지금 죽어 가고 있습니다. 이 물리적인 상태는 곧 끝이 날 것입니다. 그러나 하나님의 목전에서 쫓겨난 영적인 상태는 영원히 계속될 것입니다.

요나는 자기가 물리적으로 지극히 어려운 처지에 있다는 것을 하나님 앞에 고백합니다. 그러나 그에게 더 중요한 것은 자신이 하나님의 말씀에 의도적으로 불순종했으며, 그로 인해 하나님이 자신을 기뻐하지 않으신다는 사실입니다. 이것이 문제의 핵심입니다. 이것만 깨달으면 문제는 반 이상 해결된 것이나 다름없습니다. 어려움이 왔다고 해서 무조건 그 어려움만 해결해 달라고 기도하는 것은 전혀 도움이 되지 않습니다. 하나님이 나의 어떤 점을 기뻐하지 않으시는지를 생각해야 합니다.

요나는 살려 달라고 기도하지 않았습니다. 그 대신 하나님 앞에 자기 모습이 어떠한지를 표현했습니다. "저는 천 길 바다 속에 빠져서 죽어 가고 있지만 감히 살려 달라는 기도를 못하겠습니다. 그렇게 기도하려니 너무나 뻔뻔하다는 생각이 듭니다. 제 죄가 제 눈앞에 있습니다. 저는 그 죄 때문에 하나님의 목전에서 쫓겨났습니다. 그것이 제 실상입니다. 이제 제 생명이 30분 남았는지, 1시간 남았는지 모르겠지만, 이 비참한 상태 그대로 하나님을 높이겠습니다. 하나님을 찬양하겠습니다. 이것이 지금 제가 할 수 있는 유일한 일입니다."

비행기가 추락하는 마지막 짧은 순간에 아내나 자식에게 "사랑한다"는 편지를 쓰고 죽는 사람들이 가끔 있습니다. 소련 잠수함이 가라앉았을 때에도 한 대위가 아내에게 편지를 써서 봉해 놓고 죽었습니다. 마지막 순간에 무엇을 할 것인가는 아주 중요한 선택입니다. 마지막 순간에 누구라도 살려 달라고 발악을 해야 합니까, 자포자기를 해야 합니까? 대개 죽음을 두려워하는 사람은 사랑받지 못하는 사람, 사랑할 대상이 없는 사람입니다. 자기가 죽어도 아무도 슬퍼하지 않을 것을 누구보다 본인 자신이 잘 알고 있기 때문에 죽음을 두려워하는 것입니다. 그러나 누군가 내가 사랑하는 사람이 있고 나를 사랑하는 사람이 있는 이들은 그 사랑을 붙들고 죽음의 공포를 이겨 냅니다. 그리고 마지막 순간까지 그 사람에 대한 사랑을 표현하면서 죽습니다. 사랑은 굳게 닫힌 잠수함의 철문을 뚫고 전달됩니다. 사랑은 이처럼 위대한 것입니다.

그러나 사랑보다 더 위대한 것이 있습니다. 그것은 지금 요나가 보여 주는 것과 같은 믿음입니다. 그는 자기가 물고기 뱃속에서 빠져나갈 길이 없다는 사실을 알았습니다. 그렇다면 이제 몇 분 남았는지 모르는 이 시간에 과연 무엇을 해야 할까요? 그는 하나님을 표현하고 하나님을 기뻐하며 하나님께 감사를 드렸습니다. 그런데 이것이 물고기 뱃속을 뚫고, 천 길 물속을 뚫고 하나님께 전달되었습니다.

전에 어떤 분이 저에게 "아무래도 제 병은 회복될 수 없는 것 같습니다. 그렇다면 남은 기간 동안 제가 무엇을 하면 좋을까요? 그래도 살기 위해 몸부림을 쳐야 할까요, 아니면 그만 포기해야 할까요?"라고 물었습니다. 저는 "살아 있는 동안, 숨 쉴 수 있는 동안 하나님을 높여 드리십시오. 어떤 방식으로든지 하나님을 높여 드리십시오. 그러면 하나님이 영원한 생명으로 축복해 주실 겁니다"라고 말씀드렸습니다. 그분은 실제로 그렇게 마지막 믿음의 불꽃을 태웠습니다. 생기가 점점 빠져나가고 있는 병든 몸으로 마지막 순간까지 장엄하고도 아름답게 하나님을 찬양하고 높여 드렸습니다.

오늘 요나가 한 일이 바로 그것입니다. 그는 발악도 하지 않고,

체념도 하지 않았습니다. 의식이 흐려지는 가운데서도 하나님을 찬양하고 하나님께 기도했습니다. 그리고 그 찬양과 기도는 천 길 물속을 뚫고 하나님 앞에 전달되었습니다.

기도의 용기는 어디에서

요나가 처한 물리적인 상황은 그의 영적인 위기를 보여 주는 그림자에 불과했습니다. 깊은 바다 밑 물고기 뱃속에 있다는 사실보다 더 중요한 것은 그가 하나님께 불순종해서 그 목전에서 쫓겨났다는 사실입니다. 만약 바다에 빠져서 물고기에게 삼키운 것이 우연히 일어난 일이라면, 또 우연이 일어나서 살기를 바랄 수밖에 없을 것입니다. 그러나 하나님이 그를 기뻐하지 않으셔서 이렇게 만드신 것이라면, 그 하나님께 해결의 길이 있을 것입니다. 그래서 요나는 유일한 해결자이신 하나님께 기도하기 시작합니다. "가로되 '내가 받는 고난을 인하여 여호와께 불러 아뢰었삽더니 주께서 내게 대답하셨고 내가 스올의 뱃속에서 부르짖었삽더니 주께서 나의 음성을 들으셨나이다'"(2:2).

지금 요나는 놀라운 확신으로 기도하고 있습니다. 무슨 확신입니까? 하나님이 자신을 살려 주시리라는 확신이 아닙니다. 적어도 이 기도만큼은 듣고 계신다는 확신입니다. 그는 어떻게 이런 확신을 가질 수 있었으며, 기도의 용기를 얻을 수 있었을까요?

첫째로, 요나는 이 모든 일을 하나님이 주도하셨다는 것을 알았습니다. 그렇다면 자기가 물고기 뱃속에 갇혀 있는 것도 보고 계실 것이고, 자기가 그 속에서 기도하는 소리도 듣고 계실 것입니다. 경찰서에는 한쪽에서는 보이지 않지만 다른 한쪽에서는 보이는 유리창이 있습니다. 그처럼 요나 자신은 물고기 뱃속에 갇혀서 아무것도 보지 못하지만 하나님은 모든 것을 보고 계신다는 것입니다.

하나님이 요나를 죽이기로 작정하셨다면 이런 복잡한 과정을 거칠 필요가 없습니다. 그냥 한 대만 치면 끝이에요. 그런데 하나님이 이처럼 배를 예비하시고 풍랑을 일으키시고 선장을 배 밑층에 내려 보내시고 요나를 제비 뽑히게 만드신 이유는 그를 꼼짝 못하게 만드셔서 하나님 앞에 자기 모습을 고백하고 바른 신앙으로 돌아오게 하시기 위해서라는 것을 요나는 알았습니다. 그렇기 때문에 자기가 과연 살아날 수 있을지 이대로 죽을지는 알 수 없어도, 지금 하나님이 자신을 보고 계시고 자기 말을 듣고 계시다는 점만큼은 확실하다는 것입니다.

우리가 오늘 이렇게 교회에 나온 것은 우연이 아닙니다. 하나님이 우리를 이 자리로 인도하신 것입니다. 하나님은 우리의 일거수일투족을 보고 계십니다. 우리의 입에서 나오는 한마디 한마디를 듣고 계십니다. 기도할 용기가 나지 않을 때, 기도하기에는 자신이 너무 뻔뻔하다는 생각이 들 때, 하나님이 지금까지 나를 어떻게 인도해 오셨는지 생각해 보십시오. 그러면 우연으로 돌릴 수 없을 정도로 모든 일이 분명히 하나님의 주도하에 진행되어 왔다는 사실을 알게 될 것입니다. 하나님이 이 자리까지 나를 몰고오신 이유가 무엇입니까? 하나님을 대면하게 하시기 위해서입니다. '그동안 네가 용케 나를 피해 다녔는데, 오늘 나와 일대일로 대면하자'는 것입니다.

요나는 시간이 얼마 남지 않았다는 것을 알고 있습니다. 팔도 들어올릴 수 없고 다리도 움직일 수 없습니다. 숨도 점점 가빠지고 있습니다. 그런데 분명한 사실 한 가지는 하나님이 지금 자신을 만나고 싶어하신다는 것입니다. 그럴 때는 만나야 합니다. 어떻게 만납니까? 내가 하나님에 대해 생각하고 있는 바와 하나님 앞에 있는 내 모습을 있는 그대로 표현함으로써 만날 수 있습니다. "하나님 저는 천 길 물속에 살아 있습니다. 그러나 사실은 죽은 것이나 다름없습니다. 바다풀들이 제 머리를 에워싸고 있습니다. 그러나 저를 더 절망하게 만드는 것은 하나님이 저를 기뻐하지 않으신다는 사실입니다. 주여, 당신을 바라봅니다. 저는 이 짧은 순간에 주님을 더 많이 알게 되었습니다. 주님은 바람을 일으키시고 죄인을 제비 뽑게 하시는 분, 자기 종의 죄를 절대 용납하지 않는 분임을 발견했습니다. 하나님, 당신은 제 생각보다 훨씬 큰 분이십니다!"

둘째로, 물고기 뱃속에 있는 요나에게는 말씀이 자꾸 떠올랐습니다. 2절에 "내가 받는 고난을 인하여 여호와께 불러 아뢰었삽더니 주께서 내게 대답하셨고"는 시편 120편 1절을 인용한 것입니다. "내가 환난 중에 여호와께 부르짖었더니 내게 응답하셨도다." 또 3절에 "큰 물이 나를 둘렀고 주의 파도와 큰 물결이 다 내 위에 넘쳤나이다"는 시편 42편 7절을 인용한 것입니다. "주의 폭포 소리에 깊은 바다가 서로 부르며 주의 파도와 물결이 나를 엄몰하도소이다." 이처럼 절망적인 상황에 처해 있는 요나에게 자꾸 말씀이 떠올랐고, 요나는 그 떠오르는 말씀들을 가지고 기도를 드렸습니다. 어려움 가운데 말씀이 자꾸 생각난다면, 성경구절이 떠오르고 설교 들은 말씀이 생각난다면, 상황은 아직 끝난 것이 아닙니다. 정말 모든 것이 끝장났을 때는 말씀이 생각나지 않습니다.

세례 요한은 하나님의 아들이 오시면 손에 키를 들고 타작마당을 정하게 해서 알곡은 모아 곡간에 들이고 쭉정이는 꺼지지 않는 불에 던지실 것이라고 믿었습니다. 그런데 예수님은 심판은 하지 않고 말씀만 전하셨습니다. 그래서 요한은 제자를 보내서 물었습니다. "오실 그이가 당신이오니이까? 우리가 다른 이를 기다리오리이까?"(마 11:3) 그는 말씀이 선포되는 한 심판이 오지 않는다는 사실을 알았기 때문에 이렇게 물었던 것입니다. 예수님의 생각은 어떤 것이었습니까? 요한은 세상을 심판의 측면에서 보려 하지만 예수님은 구원의 측면에서 보신다는 것입니다. 세상은 이미 심판 아래 있습니다. 세상을 심판하려면 굳이 예수님이 손대실 필요가 없습니다. 내버려 두면 저절로 망하게 되어 있습니다. 그러나 예수님의 관심은 이 망할 세상에서 할 수만 있으면 한 사람이라도 더 건져 내는 데 있었습니다. 그래서 그들에게 말씀을 전하셨습니다.

요나는 하나님이 자신을 죽일 작정이시라면 이렇게 말씀을 떠오르게 하시지 않는다는 것을 알았습니다. 그는 지금 감격하고 있습니다. "제가 도대체 무엇이길래 저 한 사람 바로잡기 위해 이런 수고를 하십니까? 이 빈대만도 못한 저를 깨우치기 위해 그 엄청난 폭풍을 동원하시고 큰 지중해 바다 속 물고기를 사용하셔서 하나님이 어떤 분인지 깨닫게 하십니까?" 하나님이 요나를 무시하신다면 그냥 내버려 두시기만 하면 됩니다. 배도 필요 없고 폭풍도 필요 없고 제비도 필요 없습니다. 그냥 망하도록 내버려 두시면 그만입니다. 그런데 자기가 도대체 뭔데 천지의 주재께서 이 많은 것들을 동원하여 자기와 싸우시는 것입니까? 요나는 이 비참한 상황 속에서 하나님의 엄청난 사랑을 느꼈고, 그렇기 때문에 그 하나님을 향해 기도할 용기를 낼 수 있었습니다.

솔직하게 표현하라

요나는 하나님께 추상적인 기도를 드리지 않았습니다. 자기가 처한 상황과 심정을 솔직하게 인정하고 표현했습니다. 자기는 하나님의 명령에 순종하기 싫었다는 것, 이스라엘만 떠나면 하나님을 피할 수 있다고 생각했다는 것, 그래서 하나님의 목전에서 쫓겨났다는 것을 말씀드리고 지금 큰 물과 깊음과 바다풀들에 에워싸여 죽어 가고 있는 답답함을 토해 냈습니다. "주께서 나를 깊음 속 바다 가운데 던지셨으므로 큰 물이 나를 둘렀고 주의 파도와 큰 물결이 다 내 위에 넘쳤나이다"(2:3).

지나치게 영적인 사람들은 현실을 현실로 인정하려 들지 않습니다. 마치 우리가 이 땅에 발을 딛고 사는 인간이 아니라 천상에 사는 천사인 것처럼 생각해요. 그래서 돈을 버는 것은 추한 일로, 먹고사는 문제를 생각하는 것은 믿음 없는 짓으로 여기면서, 직장이나 가정을 팽개치고 성경공부만 하러 다니거나 기도원에서 은혜 받는 일만 중요하게 생각합니다. 그러나 그것은 믿음이 좋은 것이 아니라 무책임한 것입니다. 성경은 어느 곳에서도 현실을 부정하거나 나쁜 것으로 표현하고 있지 않습니다.

요나는 물고기 뱃속에 있으면서도 마치 천상에 있는 양 여유를 부리지 않았습니다. 그는 자기가 처한 상황과 자기의 생각을 있는 그대로 하나님께 표현했습니다. 우리는 중요한 결정을 내릴 때 하나님이 내 소원과 반대로 응답하실까 봐 두려워서 진정으로 기도하지 않는 경우가 많이 있습니다. 나는 교수가 되고 싶은데 전도사 시킬까 봐, 나는 돈을 벌고 싶은데 우간다로 선교사 보낼까 봐, 나는 이 여자와 결혼하고 싶은데 저 여자와 결혼시킬까 봐 하나님께 자신을 전적으로 맡기지 못합니다. 그러나 그 마음을 표현해야 합니다. 왜 말을 못합니까? "하나님 전 전도사 싫어요. 선교사 싫어요. 저는 공부하고 싶어요. 저는 이 부분을 하나님께 맡길 수가 없습니다"라고 표현을 해야 합니다. 왜 하나님의 뜻을 지레짐작해서 미리 도망쳐 버립니까? "하나님, 저는 니느웨가 구원받는 것 싫습니다. 저는 이스라엘에서 말씀 전하고 싶습니다"라고 진작에 괴로운 마음을 토해 내지 않고 그냥 도망쳐 버리니까 태풍이 쫓아오고 선장이 배 밑층까지 내려와서 욕하는 것 아닙니까?

표현하는 것이 참 중요합니다. 요나가 물고기 뱃속에서 하고 있는 일이 바로 그것입니다. 주의 파도가 자신을 터뜨리려 하고 있다는 것입니다. 주의 물결이 자신을 질식시키고 있다는 것입니다. 그는 무조건 "주를 찬양!"이라고 하지 않습니다. 자기의 답답함과 두려움을 솔직하게 토로합니다. 이것이야말로 어려운 상황에서 빠져나오는 첩경입니다.

우리는 우리 심정과 처지를 솔직하게 인정하고 표현하는 것을 믿음 없는 행동으로 생각하지만 하나님은 바로 그런 기도를 듣고 싶어하십니다. "저는 오늘 하루종일 굶어 죽을까 봐 겁을 냈습니다. 성경은 무엇을 먹을까 무엇을 입을까 염려하지 말라고 했는데, 저는 그 말씀이 잘 믿어지지 않습니다", "오늘 어떤 사람이 저한테 이러저러한 말을 했는데 제 마음에 엄청난 분노가 일어났습니다. 하나님, 저는 그 사람을 용서하지 못하겠습니다. 아니, 용서하기 싫습니다. 기회만 있으면 보복하고 싶습니다. 이것이 제 마음입니다"라고 솔직하게 표현을 해야 합니다. 자기가 미리 '이건 신앙적이지 못한 태도야. 믿음 없는 짓이야' 하면서 꾹꾹 누르면서 몸부림을 치면 문제가 해결되지 않습니다.

요나의 소원

요나가 깨달은 바가 무엇입니까? 자신이 끝까지 포기하지 못한 것이 한 가지 있는데, 바로 그것 때문에 이 모든 일이 일어났다는 사실입니다. 그것은 바로 민족주의였습니다. '이스라엘이 복을 받아야 한다'는 고집을 요나는 깨뜨릴 수가 없었습니다. 하나님이 원하시는 바는 무엇입니까? 이스라엘 백성을 통해 다른 민족들이 복을 받는 것입니다. 그러나 이스라엘 백성들이 그 일을 하기 싫어하면 다른 민족에게라도 그 일을 시키십니다. 하나님께 중요한 것은 온 세상에 하나님이 알려지고 영광을 받으시며 온 땅에 하나님의 복을 주시는 것이기 때문입니다. 그러나 요나는 그것을 인정하기 싫었습니다. 이스라엘이 복받는 것만을 절대적으로 생각했습니다. 바로 그 고집이 하나님을 진노하시게 했습니다.

그런데 요나는 물고기 뱃속에서 이스라엘도 망할 수 있다는 것을 깨달았습니다. 이스라엘이 망하더라도 하나님의 뜻은 이루어져야 하며 구원받을 사람들은 구원받아야 한다는 것을 깨달았습니다. 이스라엘이 하나님의 은혜를 틀어막고 있다면 다른 방법을 통해서라도 세상 사람들은 구원을 받아야 한다는 것을 깨달았습니다.

그렇게 지금껏 절대적으로 생각하던 것을 버리면서 생긴 소원이 무엇입니까? "내가 말하기를 '내가 주의 목전에서 쫓겨났을지라도 다시 주의 성전을 바라보겠다' 하였나이다"(2:4). 혹시라도 다시 한 번 성전에 서게 된다면, 다시 한 번 임무를 주신다면 이방인들에게 가고 싶다는 것입니다. '살려만 주시면 이방인에게 가겠다'는 것이 아닙니다. '이스라엘이 망하더라도 이방인들은 구원을 받아야 하기 때문에 가겠다'는 것입니다.

많은 그리스도인들이 벗어나기 어려운 울타리가 바로 자기 가족입니다. 그래서 '내 아버지, 내 어머니도 구원하지 못했으면서 무슨 자격으로 주일학교 교사가 되고 목회자가 되고 선교사가 되겠는가?'라고 생각하면서, "하나님, 우리 아버지 교회 나오게 해 주시면 선교사로 나가겠습니다. 우리 엄마 예수 믿게 해 주시면 그때부터 봉사하겠습니다"라고 기도합니다. 그리고 혹시라도 내 가족이 하나님을 모른 채 죽으면 그렇게 절망하고 낙담하면서 하나님을 원망할 수가 없습니다. 그러나 이것은 아주 편협한 생각입니다. 나중에 물고기 뱃속처럼 절망적인 상황에 빠져 보면 '우리 가족이 얼마나 교만했는가? 하나님이 그렇게 거듭거듭 찾아오셨는데도 얼마나 완악하게 굴었는가? 우리 가족과 상관없이 하나님의 뜻은 이루어져야 한다'는 것을 깨닫게 됩니다.

나나 내 가족이 먼저 잘되기를 바라는 마음이 바로 우상입니다. 하나님은 나를 가족의 울타리에서 벗어나 모든 사람에게 복을 주는 하나님의 사신으로 사용하기를 원하십니다. 그래서 때로는 가족을 버려 두고 다른 사람들에게 가게 하십니다. 그러면 시기심이 나서라도 내 가족이 하나님의 은혜를 구하게 될 수 있습니다. 전에 저는 다른 교회에 가서 설교했을 때 큰 부흥이 일어나는 것을 보면서 기뻐하기보다는 '저런 부흥은 우리 교회에서 일어나야 하는데'하며 안타까워했던 적이 있었습니다. 그때 '요나가 멀리 있는 게 아니구나'라는 생각을 했습니다. 다른 교회에서 부흥이 일어나는 것이 얼마나 좋은 일입니까? 다른 사람들이 복 받는 것이 얼마나 좋은 일입니까? 그런데 우리는 '저런 부흥은 우리 교회에서 일어나야 하고, 저런 복은 우리 집이 받아야 한다'는 생각과 고집 때문에 하나님의 사랑을 왜곡시킬 때가 많이 있습니다.

예수님은 "선지자가 고향에서 환영을 받는 자가 없느니라"(눅 4:24)고 말씀하셨습니다. 무슨 뜻입니까? 진리 가까이에 있는 사람들은 오히려 진리를 당연시해서 그것을 받아들이기는커녕 이것저것 다른 것들을 요구한다는 것입니다. 그럴 때는 그들을 버리고 이방인들을 찾아가야 합니다. 그래야 말씀의 소중함을 조금이라도 알게 됩니다.

요나는 '이스라엘부터 완전히 복을 받은 후에 이방인들은 그 찌꺼기를 받아야 한다'는 고집으로 자기의 아성을 쌓아 놓고 있었습니다. 그러나 이스라엘 백성들은 복 받을 짓을 하지 않았습니다. 복에 관심도 없었고 다른 사람에게로 흘러갈 복의 통로도 틀어막아 버렸습니다. 그럴 때 하나님이 어떻게 하셔야 합니까? 이스라엘 백성들을 버리고 한 명이라도 복 받을 사람들에게 직접 복을 주셔야 하지 않겠습니까? 요나는 이 마지막 아성이 무너지기 전까지는 이방인들에게 가라는 하나님의 명령에 복종할 수 없었습니다. 그래서 스스로 하나님의 성전을 뒤로 하고 도망쳐 버렸습니다. 그러나 자기 고집을 버리고 나자 하나님의 의로우심이 보이기 시작했고, 그의 성전으로 돌아가기를 사모하는 마음이 생기기 시작했습니다.

자기 아성과 고집을 붙들고 있는 한 하나님의 의로우심을 인정할 수 없습니다. 자기 생각에 맞는 것만 받아들이고, 그렇지 않은 것은 버리게 됩니다. 그러나 한번 낮아지고 나면, 나와 내 가족과 내 교회와 내 민족만 하나님의 복을 차지해야 한다고 고집하는 것이 얼마나 교만한 생각인지 깨닫게 됩니다. 하나님의 복에 관심이 없는 사람은 복을 못 받는 것이 당연하다는 것, 어느 누구도 당연히 구원받을 사람은 없으며 나는 내가 복음 전할 대상을 마음대로 골라서는 안 된다는 것을 깨닫게 됩니다.

　오늘 우리도 크고 작지만 요나와 비슷한 어려움을 겪고 있습니다. 질병 가운데 꼼짝 못하고 죽음을 기다려야 하는 사람이 있는가 하면 사업의 실패로 어려움을 겪고 있는 사람도 있고, 미래를 전혀 예측할 수 없는 상황 속에서 하나님의 음성만 기다리고 있는 사람도 있습니다. 요나는 그럴 때 발작하지도, 포기하지도 않았습니다. 그는 자신의 물리적인 상태보다 영적인 상태가 더 심각하다는 것을 깨달았습니다. 그리고 생명이 경각에 달린 절박한 상황에서도 하나님을 높여 드리기를 원했습니다. 위대한 선지자로서 높여 드리려 한 것이 아닙니다. 비참한 죄인으로서, 죽어 가고 있는 사람으로서 높여 드리기를 원했습니다.

　요나는 어떻게 기도할 용기를 얻었습니까? 이 모든 일을 주도하신 분이 바로 하나님이시라는 사실을 기억함으로써 용기를 얻었습니다. 그리고 마음에 떠오르는 하나님의 말씀을 붙들고 기도하며 찬양했습니다. 그는 이렇게 함으로써 하나님을 대면할 수 있었습니다.

　하나님은 오늘 우리와 대면하기를 원하십니다. 하나님이 원하시는 것은 유창한 기도가 아닙니다. 우리 심정과 처지를 있는 그대로 솔직하게 표현하는 것입니다. "네가 싫어하는 것이 있지 않느냐? 속에 똘똘 뭉쳐 놓고 내놓지 않는 것이 있지 않느냐? 나에 대해 불신하고 있는 부분이 있지 않느냐? 그것을 솔직하게 표현하라"는 것입니다. 그렇게 하나님을 대면할 때, 우리에게는 위대한 제2의 인생이 시작될 것입니다.

5

내 영혼이 피곤할 때에

요나 2:5-10

^{2:5} "물이 나를 둘렀으되 영혼까지 하였사오며 깊음이 나를 에웠고 바다풀이
내 머리를 쌌나이다.

⁶ 내가 산의 뿌리까지 내려갔사오며 땅이 그 빗장으로 나를 오래도록
막았사오나 나의 하나님 여호와여, 주께서 내 생명을 구덩이에서
건지셨나이다.

⁷ 내 영혼이 내 속에서 피곤할 때에 내가 여호와를 생각하였삽더니
내 기도가 주께 이르렀사오며 주의 성전에 미쳤나이다.

⁸ 무릇 거짓되고 헛된 것을 숭상하는 자는 자기에게 베푸신 은혜를
버렸사오나

⁹ 나는 감사하는 목소리로 주께 제사를 드리며 나의 서원을 주께 갚겠나이다.
구원은 여호와께로서 말미암나이다" 하니라.

¹⁰ 여호와께서 그 물고기에게 명하시매 요나를 육지에 토하니라.

2:5-10

우리는 몸을 무리하게 사용하거나 힘든 일을 많이 했을 때 피곤을 느낍니다. 그러나 육체가 피곤하다고 해서 정신까지 피곤한 것은 아닙니다. 가끔 육체는 파김치가 되어서 가눌 수가 없는데도 마음은 날아갈 듯 가벼울 때가 있습니다. 반대로 육체는 별 이상이 없는데 정신은 너무나 피곤할 때도 있습니다. 예를 들어 큰 걱정거리가 있거나 잘 풀리지 않는 문제가 있거나 깊은 불안이 있을 때, 우리는 몸이 아프지 않아도 손가락 하나 까딱거리기 싫을 정도로 심한 피곤을 느낍니다.

그리스도인들이 육체의 피곤 때문에 쓰러지는 경우는 많지 않습니다. 대개는 영적인 혼동과 불안, 또는 숨겨 놓은 죄로 인한 영혼의 피곤 때문에 쓰러집니다. 그렇게 영혼이 피곤할 때에는 표면적인 증세만 누그러뜨릴 것이 아니라 근본 원인을 찾아내야 합니다. 즉 모든 일을 잠시 중단하고 하나님 앞에서 내가 어떻게 살아왔으며 현재 어떤 모습을 하고 있는지 생각해야 합니다. 처음에는 뭐가 뭔지 잘 보이지 않습니다. 그러나 실마리가 풀리기 시작하는 순간이 있습니다. 내 문제에서 벗어나 새로운 하나님을 발견하는 순간이 있습니다.

우리는 하나님을 믿는다고 하지만, 사실은 자기 마음대로 만든 하나님을 믿을 때가 많습니다. 그러나 내가 만든 하나님은 참 하나님이 아니라 내 욕심의 화신이요 우상입니다. 그 우상이 깨지고 내 생각에 갇힌 작은 하나님이 아니라 엄청나게 크고 영광스러우신 하나님을 새로이 발견하는 순간, 영적인 피곤이 풀리기 시작합니다. 그러면 물리적인 상황은 하나도 변하지 않아도, 마음속에서부터 기쁨과 고백과 찬양이 터져 나오면서 외로운 시련의 현장에서 능력으로 일어설 수 있습니다.

요나는 지금 깊은 바다 속에서 한정된 생명을 살고 있습니다. 물고기 뱃속은 움직일 수 없을 정도로 협소하고 산소는 점점 줄어들고 있습니다. 그런데도 요나는 "내 영혼이 내 속에서 피곤할 때에"라고 말합니다. 먹지 못한 배고픔보다, 움직이지 못하는 괴로움보다, 숨 쉬지 못하는 고통보다 더 심각한 것은 영적인 혼동이었습니다. 그런데 갑자기 빛이 비쳤습니다. 하나님과 자신의 가치를 새롭게 깨닫는 순간이 찾아왔습니다. 그것은 지적인 깨달음이 아니었습니다. 전인격적으로 가슴을 파고 들어오는 깨달음이었습니다. 바로 그 깨달음이 그를 무서운 침체에서 건져 냈고, 결국 니느웨 성의 큰 부흥을 불러일으켰습니다.

현실을 인정하다

많은 경우 사람들이 문제를 풀지 못하는 이유는 자신의 현실을 있는 그대로 인정하지 않는 데 있습니다. 자기 수능 점수가 200점 대면 200점 대라는 것을 인정하고 시작해야 하는데, "아니야, 나는 더 잘했어야 해. 이건 진짜 내 모습이 아니야. 나는 절대 이럴 수 없어" 하고 부정을 하니까 문제의 실마리가 풀리지 않습니다. '내 성적은 이 정도다', '내 키는 이 정도다', '내 월급은 이 정도다' 라는 것을 인정하는 일이야말로 모든 문제 해결의 출발점입니다.

지금 요나는 철저하게 혼자 깊은 바다 속에 빠져 있습니다. 어느 누구도 요나가 살아 있다는 것을 알지 못하고, 이런 처지에 있다는 것도 알지 못합니다. 이 외로운 상황에서 요나는 자신의 모습을 객관적으로 그려 보았습니다. 그것은 어떤 모습이었습니까? "물이 나를 둘렀으되 영혼까지 하였사오며 깊음이 나를 에웠고 바다풀이 내 머리를 쌌나이다"(2:5).

지금 요나는 온통 물에 에워싸여 있습니다. 위도 물이고 밑도 물이고 옆도 물입니다. 어느 한쪽에라도 땅이 있고 길이 있으면 살아날 기대를 해 보겠는데, 어디를 둘러보아도 도저히 살아날 가능성이 없습니다. 요나는 이 물이 자신의 영혼까지 들어왔다고 말하고 있습니다. 이것은 살아날 소망이 전혀 없다는 뜻입니다. '바다풀이 머리를 쌌다'는 것은 비유적인 표현입니다. 즉 바다풀에 덮인 것처럼 머리가 뒤범벅이 되어서 아무것도 생각할 수 없게 되었다는 것입니다.

이것이 요나가 발견한 자기 자신의 모습이었습니다. 이 세상에서 가장 비참한 사람은 바로 요나 자신이었습니다. 자신처럼 기막힌 상태에 빠져 있는 사람이 또 누가 있겠습니까? 몸은 물고기 뱃속에 꽁꽁 묶여 있는데 산소는 점점 줄어들고 있고, 물고기가 바다 위로 올라갈 가능성은 전혀 없습니다. 요나는 이것이 자신의 현실이라는 것을 솔직하게 인정했습니다. "하나님, 이것이 제 모습입니다. 저는 선지자가 아닙니다. 능력 있는 종도 아닙니다. 하나님의 말씀에 불순종해서 그 누구보다 비참한 자리에 떨어져 꼼짝없이 갇힌 채 불안에 휩싸여 서서히 죽어 가고 있는 죄인일 뿐입니다. 그러나 죽어 가고 있는 제 몸이 피곤한 것이 아닙니다. 제 영혼이 극도로 피곤합니다. 이것이 제 모습입니다."

사람들 사이에 섞여 살고 있을 때는 자기 자신이 얼마나 연약한 존재인지 잘 알지 못합니다. 그러나 절망적인 상황에 처하게 되면 아무것도 할 수 없는 자신의 모습을 보면서 '세상에서 가장 연약한 사람이 바로 나로구나' 하는 것을 깨닫게 됩니다. 사실 그것이 나의 원래 모습입니다. 그러나 우리는 미련하게도 어려움이 오기 전까지는 그 모습을 보지 못하고, 마치 스스로 모든 것을 할 수 있는 존재인 양 교만하게 굽니다.

깊은 바다 밑 물고기 뱃속에 갇혀서 살지 죽을지 모르는 모습, 이것이 요나의 원래 모습이었습니다. 지금까지는 사람들 사이에 섞여 사느라고 자신의 참모습을 보지 못했을 뿐입니다. 땅 위에 있었을 때에는 매 순간 하나님의 도움 없이 살 수 없는 존재라는 사실을 잊고 살았습니다. 그러나 막상 바다 밑에 떨어져 보니, 땅 위에 있던 그때나 물고기 뱃속에 있는 지금이나 자신은 아무것도 할 수 없는 연약한 사람이라는 것을 알게 된 것입니다. 요나는 이 현실을 인정했습니다.

요나는 "내가 산의 뿌리까지 내려갔사오며 땅이 그 빗장으로 나를 오래도록 막았사오나"(2:6 상)라고 말합니다. 산의 뿌리는 바다에서 제일 깊은 곳입니다. 그 바다 가장 깊은 곳에 내동댕이쳐진 요나는 빗장에 걸려 위로 올라가지 못한다고 말합니다. 사람은 사랑하는 이들을 만나고 그들에게 인정받을 때 자신의 가치를 찾을 수 있습니다. 따라서 빗장에 걸려 사랑하는 이들을 만날 수도 없을 뿐 아니라 그들에게 잊혀져 갈 때, 다른 어떤 고통보다 심한 고통을 받습니다.

그런데 우리는 6절 뒷부분에서 대반전이 일어나는 것을 볼 수 있습니다. "나의 하나님 여호와여, 주께서 내 생명을 구덩이에서 건지셨나이다." 조금 전까지만 해도 빗장에 걸려 헤어나갈 길이 없다고 고백했던 요나가 갑자기 하나님이 자기를 구덩이에서 건지셨다고 말하고 있는 것입니다. 요나는 아직도 바다 속에 있습니다. 그런데 어떻게 이렇게 하나님의 구원을 확신하게 되었습니까? 무엇이 절망 가운데서 이처럼 놀라운 소망을 갖게 했습니까?

영혼을 소생케 하는 것

요나는 7절에서 이렇게 기도하고 있습니다. "내 영혼이 내 속에서 피곤할 때에 내가 여호와를 생각하였삽더니 내 기도가 주께 이르렀사오며 주의 성전에 미쳤나이다." 그는 자기 영혼이 극도로 피곤했다고 말하고 있습니다. 너무 절망이 크고 지쳐서 어떤 생각이나 소망도 가질 수 없었다고 말하고 있습니다. 그런데 어떻게 이 같은 극도의 영적 피곤에서 벗어날 수 있었습니까? "내가 여호와를 생각하였삽더니!"

그는 여호와를 생각했습니다. 이것은 지적으로 하나님에 대한 사실들을 정리해 보았다는 뜻이 아닙니다. 그는 물고기 뱃속에서 하나님에 대해 새롭게 깨달은 것들이 있었습니다. 그 깨달음이 그의 피곤한 영혼을 산의 뿌리가 있는 그 깊은 곳에서 소생시켰습니다.

요나는 하나님에 대해 적어도 세 가지 사실을 새로이 깨달았습니다. 첫째로, 그는 '하나님은 어디에나 계신다'는 것을 발견했습니다. 그는 하나님이 이스라엘 안에만 계신 줄 알았습니다. 그래서 이스라엘만 떠나면 하나님이 관여하지 못하실 줄 알았습니다. 물론 머릿속으로는 하나님이 온 세상을 만드셨고 주관하신다고 생각했지만, 실제로는 인정하지 않았습니다. 그러나 하나님은 바다 가운데 계셔서 풍랑을 일으키셨습니다. 이방인 가운데 계셔서 요나가 제비 뽑히게 하셨습니다. 그리고 깊은 바다 속에 계셔서 큰 물고기를 보내 요나를 삼키게 하셨습니다.

지금 요나 주위는 온통 물로 가득 차 있습니다. 위도 물이고 아래도 물이고 옆도 물입니다. 물고기 뱃속에서 나갈 수도 없지만 설사 나간다 해도 이 물에서 빠져나갈 길이 없습니다. 그러나 요나는 하나님이 어디에나 계신 것을 알았습니다. '하나님은 내 위에도 계시고 아래에도 계시고 옆에도 계신다. 하나님은 내가 죽어가면서 드리는 이 기도를 듣고 계신다'는 생각이 들었을 때, 그의 마음속에 갑자기 희망이 생기기 시작했습니다.

하나님은 어디에나 계신다, 내가 겪고 있는 어려움을 다 보고 계시고 알고 계신다는 사실이 우리를 얼마나 평안케 하는지 모릅니다. 아내가 자기 혼자 남몰래 고민하는 것과 '이 문제를 남편이 알고 있고 함께 고민하고 있다'고 생각하는 것 사이에는 굉장한 차이가 있습니다. 성도가 자기 혼자 남몰래 고생하는 것과 '내 고생을 우리 교인들이 알고 있고 우리 목사님이 알고 있다. 이것은 나 혼자 당하는 어려움이 아니다'고 생각하는 것 사이에는 굉장한 차이가 있습니다.

오늘날 많은 그리스도인들이 문제를 풀지 못하는 것은 '이런 고생을 하는 사람은 나밖에 없다. 나처럼 힘든 사람 있으면 어디 한번 나와 보라고 해. 나 힘든 건 아무도 몰라' 하는 식의 태도 때문입니다. 그러다가 하나님 앞에 나와 보면 어떻습니까? 누구나 처지가 비슷비슷합니다. 바다 속이냐 지하실이냐 유치장이냐 수술실이냐 하는 차이지, 빗장에 걸려 있는 것은 다 마찬가지입니다. 이처럼 '내가 겪고 있는 어려움을 하나님이 알고 계신다. 이것은 성도라면 누구나 다 겪는 일이다'는 것을 발견할 때 문제의 실마리가 풀리기 시작하고 하나님을 향해 말문이 열리기 시작합니다.

왜 어려운 일이 생겼을 때 기도가 잘 나오지 않습니까? 하나님께 섭섭한 마음이 있기 때문입니다. 하나님께 감정이 있는 거예요. "하나님, 저한테 무슨 유감 있습니까? 왜 저만 주목해서 못살게 구십니까? 유감 있으면 때리지 말고 말로 하세요." 하나님이 나를 사랑한다고 하면서 왜 이렇게 애를 먹이시는지 이해가 안 되고 신뢰가 안 됩니다. 그러니까 영적으로 혼동이 생기고 피곤해지면서 기도가 나오지 않는 것입니다. 그러나 생각의 관점을 하나님께 맞추면 이런 어려움을 나만 당하는 것이 아니라는 사실을 깨닫게 됩니다. 오히려 나보다 더 어려운 상황에서도 기쁨으로 살며 하나님을 찬양하는 사람들이 눈에 들어옵니다. 그러면 기도하고 싶은 마음이 생기고 하나님께 닫혀 있던 말문이 열리기 시작합니다.

요나가 두 번째로 발견한 것은 '지금까지 내가 하나님이라고 생각했던 것은 참 하나님이 아니라 내 욕심의 덩어리였다'는 것입니다. "무릇 거짓되고 헛된 것을 숭상하는 자는 자기에게 베푸신 은혜를 버렸사오나"(2:8).

절망의 구렁텅이에 빠지는 것보다 더 심각한 문제는 거짓되고 헛된 것을 숭상하는 것입니다. 나무나 돌로 만든 것만 우상이 아님다. 사람의 욕망을 표현한 것은 전부 우상입니다. 요나는 자신이 지금 바다 속에 있느냐 육지 위에 있느냐보다 더 중요한 것은 '내가 참 하나님을 알고 있느냐, 우상을 하나님으로 잘못 알고 있느냐' 하는 것임을 알았습니다.

그는 처음에 자기야말로 제일 불쌍한 사람이라고 생각했을 것입니다. 그러나 하나님에 대해 생각하자 '그래도 여기에서 하나님을 바로 알고 죽는다는 것이 얼마나 큰 복인가?' 하는 태도로 바뀌게 되었습니다. 그는 땅 위에서 기름진 음식을 먹고 최고로 비싼 옷을 입고 있지만 거짓되고 헛된 것을 하나님으로 잘못 알고 사는 사람들보다 물고기 뱃속에서 이렇게 크신 하나님을 발견한 자신이 훨씬 복되다는 것을 알았습니다.

우리는 남들과 자신을 비교하기 쉽습니다. 사방에 아파트도 많고 집도 많은데 우리 몇 가족 들어갈 곳은 없을 때 얼마나 기가 막히고 스스로 무능하게 느껴집니까? 또 사람들은 건강하게 거리를 활보하고 다니는데 나는 쉽게 낫지 않는 병에 걸려서 외롭고 우울하게 하나님의 뜻을 찾고 있을 때 얼마나 스스로 불행하게 느껴집니까? 그러나 각도를 바꾸어 생각하면 전혀 그렇지 않다는 것을 알 수 있습니다. 저렇게 큰 집 가지고 살고, 활기차게 먹고 일하면서 살아도 거짓되고 헛된 것을 하나님으로 잘못 알고 사는 사람들은 영원히 멸망당할 수밖에 없습니다. 가난해서 집 한 채 없고 미래에 대한 기약조차 없어도 참된 하나님을 알고 죽는다는 것이 얼마나 신나고 복된 일입니까?

요나가 세 번째로 발견한 것은 '하나님은 이스라엘만 사랑하시는 줄 알았더니 사실은 이방인들도 진정으로 사랑하신다'는 점이었습니다. 요나는 지금까지 이방인들에 대해 심한 편견을 가지고 있었습니다. 이스라엘 백성들은 이방인들의 생명을 생명으로 여기지 않았습니다. 그러나 하나님은 이스라엘 백성인 요나를 바다에 던져서 이방인들을 살리셨습니다. 요나는 '이방인들은 다 죽어도 이스라엘은 살아야 한다'고 생각했는데, 하나님은 '이스라엘의 선지자인 네가 죽어서 이방인들을 살리자'고 하신 것입니다. 우리는 나와 다른 사람들, 내 기준에 맞지 않는 사람들을 쉽게 평가하고 쉽게 정죄합니다. 그러나 하나님은 그 한 사람 한 사람을 엄청나게 사랑하십니다. 그래서 믿는 우리를 바다에 던지시는 한이 있어도 그 사람들이 하나님을 바로 알고 경배하게 되기를 원하십니다.

요나가 절망했던 것은 하나님을 몰랐기 때문입니다. 그러나 바다 밑바닥까지 낮아지는 과정을 통해 하나님을 새로이 깨닫게 되었을 때 말로 표현할 수 없는 기쁨과 자신감이 솟구쳤습니다. 우리가 어떻게 영적인 피곤에서 벗어날 수 있습니까? "내 영혼이 피곤할 때에 하나님을 생각하였삽더니!" 바로 이것입니다. 내가 알고 있던 작은 하나님을 버리고 새 하나님을 발견하게 될 때 우리는 깊은 침체에서 벗어날 수 있습니다.

어려움이 왔습니까? 필사적으로 하나님을 생각하십시오. 무엇보다 먼저 하나님이 지금까지 나에게 베풀어 주신 은혜를 필사적으로 기억해야 합니다. 그러면 내 작은 문제에 빠져서 너무나 큰 하나님의 사랑과 은혜를 잊어버렸다는 것, 하나님을 믿는다고는 했지만 사실은 내가 만들어 낸 거짓되고 헛된 것을 하나님으로 잘못 알고 있었다는 것을 깨닫게 되면서, 눈물이 흐르고 가슴이 뜨거워지는 경험을 하게 됩니다. 그러면 그때부터 그 무시무시한 물고기 뱃속이 천국으로 변하기 시작합니다. "세상과 나는 간 곳 없고 구속한 주만 보이도다!"

어려움이 왔을 때 자기가 했던 실수들이나 실언들을 자꾸 떠올리면 헤어나올 수가 없습니다. 내가 한 일들은 "하나님, 이것이 원래 저의 모습입니다" 하면서 토해 놓고 잊어버려야 합니다. 그리고 하나님이 나에게 베푸신 일들을 필사적으로 기억해 내야 합니다. 그것이 물고기 뱃속에 산소를 주입하는 생명줄입니다. 그러면 그 추운 겨울이 따뜻해지기 시작합니다. 절망의 그림자가 가득 찼던 방에 은혜의 빛이 환하게 비치기 시작합니다.

또한 하나님께서 이렇게 어려움을 주신 것은 하나님이 원하시는 뜻으로 나를 데려가시기 위해서라는 것을 생각해야 합니다. 하나님이 나를 버리려 하셨다면 이런 어려움을 주실 리가 없습니다. 그냥 계속 교만하도록 내버려 두면 저절로 망하게 되어 있어요. 신앙 때문에 갈등이 많은 사람은 귀한 사람입니다. 본인은 "난 바보인가 봅니다. 남들은 단순하게 잘 믿는데 왜 저만 이렇게 골치 아프게 믿는지 모르겠어요" 합니다. 그러나 그 사람의 사정이 복잡한 것은 하나님이 그 사람을 향해 선한 계획을 가지고 계시기 때문입니다. 지옥 갈 사람은 그렇게 복잡하게 고민할 필요가 없습니다. 그냥 갈등 없이 지옥 가면 돼요. 하나님이 버리시는 사람은 그렇게 복잡하게 고민할 일이 없습니다. 우리 신앙 생활이 복잡한 것은 하나님이 우리를 향해 선한 계획을 가지고 계시기 때문입니다.

의사도 회복 가능성이 없는 환자에게는 손을 대지 않습니다. 괜히 손을 대면 자기도 힘들고 환자도 힘들고 가족도 힘들기 때문입니다. 그런데 의사가 손을 댔다면, 그것도 가장 실력 있는 의사가 손을 댔다면, 그것은 치료될 가능성이 있다는 뜻입니다. 마찬가지입니다. 어떤 어려움 때문에 우리 영혼이 피곤하다면, 도대체 이 길이 하나님의 뜻인지 저 길이 하나님의 뜻인지 몰라서 갈등을 일으키고 있다면, 그것은 우리를 향해 하나님의 선한 계획이 있다는 뜻입니다.

하나님이 요나를 버리실 생각이었다면 다시스로 가는 배와 큰 풍랑과 이방인들과 큰 물고기를 동원하실 필요가 없습니다. 이 모든 것을 준비하신 것은 요나를 깨닫게 하시기 위해서이지, 그를 멸망시키시기 위해서가 아닙니다. 요나는 하나님이 자기를 죽이실 작정이었다면 이렇게 복잡한 과정을 거칠 필요가 없다는 것을 알았습니다. 이렇게 바다 밑바닥까지 떨어뜨려서 하나님을 발견하게 하실 필요가 없다는 것을 알았습니다. 그는 생각했습니다. '아, 하나님은 나에 대한 계획을 가지고 계시는구나. 하나님이 이런 과정을 통해 하나님을 새로이 발견하게 하시고 이방인들의 소중함을 깨닫게 하신 것을 보면 다시 한 번 사명을 주실 것이 틀림없다.' 이 논리적인 추론은 요나를 안심하게 했습니다.

우리에게 중요한 것은 내가 어떤 상태에 처해 있느냐가 아니라, 내가 어떻게 하나님을 새로이 깨달을 것이냐 하는 것입니다. 내가 벌판에 있느냐 호화로운 집에 있느냐가 중요한 게 아니에요. 성령이 역사하시면 물고기 뱃속도 천국으로 변할 수 있습니다. 고난의 현장에서 성령의 기름부음을 받은 성도들은 그 고난의 현장을 사랑하게 됩니다. 마치 변화산 위에 초막 셋을 짓자고 제안했던 베드로처럼 그 고난의 현장에 주님을 위해 초막을 짓고 싶어집니다. 사람들은 편안하면 하나님을 깊이 생각하지 못합니다. 그러나 어려움이 오면 천국이 그렇게 가깝게 느껴질 수가 없습니다. 손만 뻗으면 닿을 것 같습니다. 주님이 굉장히 가까이 계십니다. 편안할 때는 여러 가지 유혹도 받고 사람들의 말에 영향도 받습니다. 그러나 어려울 때는 필사적으로 하나님을 붙들기 때문에 마치 주님의 숨소리가 옆에서 들릴 것처럼 가깝게 느껴집니다.

어떻게 세상으로 복귀할 것인가?

하나님을 새로이 발견하려면 세상을 떠나야 합니다. 사업에 실패해서 모든 것을 잃거나, 병에 걸려서 몇 년 간 병원에 입원하거나, 직업 없이 오랫동안 실업자로 지내는 기간이 필요합니다. 그렇게 해서 자기 신화가 깨지지 않으면 하나님을 온전히 생각하게 되지 않습니다. 사람은 낮아질 대로 낮아져야 비로소 하나님을 전심으로 생각합니다.

그러나 문제가 무엇입니까? 그렇게 하나님을 발견하고 난 뒤에 세상으로 돌아가기가 너무나도 어렵다는 것입니다. 세상은 경쟁적일 뿐 아니라 빠르게 변화합니다. 죽도록 뛰어야 겨우 따라갈 수 있어요. 그런데 몇 년 동안 인생 밑바닥에 있던 사람이 그런 세상에 적응할 수 있겠습니까?

하나님은 우리가 하나님을 발견하는 과정에서 많은 것을 빼앗아 가십니다. 건강을 빼앗아 가기도 하시고 학문을 빼앗아 가기도 하시고 가족을 빼앗아 가기도 하시고 재산을 빼앗아 가기도 하십니다. 그렇게 해서 하나님을 새로이 발견하게 되는 것까지는 좋은데, 그 기간 동안 사회적인 폐인이 되어 버리는 것이 문제입니다. 물론 나는 살아 계신 하나님을 분명히 믿습니다. 그러나 그 믿음만으로 세상에 다시 복귀할 수 있을까요?

요나는 물고기 뱃속에서 큰 은혜를 받았습니다. 그러나 그렇다고 해서 문제가 해결되었습니까? 물고기는 여전히 바다 속에 있습니다. 사방은 여전히 물로 가득 차 있습니다. 요나는 새사람이 되었지만 현실은 여전히 절망적입니다. 이것이 하나님을 의지하는 일에 우리를 소극적으로 만듭니다. 우리가 아무리 변해도 세상은 그것을 알아주지 않습니다. 오히려 내가 신앙으로 씨름하는 동안 도저히 따라잡을 수 없을 정도로 멀리 달아나 버립니다.

요나는 어떻게 기도합니까? "'나는 감사하는 목소리로 주께 제사를 드리며 나의 서원을 주께 갚겠나이다. 구원은 여호와께로 말미암나이다' 하니라"(2:9). 물고기 뱃속에 양이 있습니까, 소가 있습니까? 요나는 대체 무엇으로 제사를 드린다는 것입니까? 그는 확신하고 있습니다. '나는 살아 나갈 것이다. 살아 나가서 하나님께 감사의 제사를 드리고 서원을 갚을 것이다.' 어떻게 이것을 확신할 수 있었습니까? 그는 하나님을 새로이 깨닫게 된 것이 얼마나 큰 축복인지 알았습니다. 그리고 이렇게 하나님을 새로이 깨닫게 해 주셨다면 이 물고기 뱃속에서 나가는 일도 하나님이 책임져 주실 것이라고 생각했습니다. 이것이 요나의 믿음이었습니다.

우리는 세상으로 돌아갈 때 혹시 불시착하지는 않을까 두려워합니다. 하나님을 발견하긴 했지만 사회에 정상적으로 복귀하지 못하는 것은 아닐까, 이대로 폐인이 되는 것은 아닐까 두려워합니다. 그러나 하나님은 두려워하지 말라고 말씀하십니다. 일단 하나님을 발견했으면 세상에 다시 적응하는 일도 그분께 맡기라고 하십니다. 하나님을 발견하는 것과 세상에 다시 적응하는 것 중에 무엇이 더 어려운 일 같습니까? 하나님을 발견하는 것이 훨씬 더 어려운 일입니다. 그런데 그 어려운 일이 이루어졌다면, 이 세상에서 다시 직업을 가지고 결혼을 하고 살아가는 일을 걱정할 필요가 뭐가 있습니까? 하나님을 새로이 발견했다면, 그 하나님이 세상에 나가서 다시 살 수 있는 길도 열어 주실 것입니다.

요나의 믿음대로 하나님은 그를 다시 세상에 복귀시키셨습니다. "여호와께서 그 물고기에게 명하시매 요나를 육지에 토하니라"(2:10). 우리 생각에 요나가 살아나려면 물고기가 어느 어부의 그물에 걸려야 하고, 그 어부가 물고기 배를 갈라서 요나를 꺼내 주어야 할 것 같습니다. 사실 그것 외에 요나가 세상으로 다시 돌아갈 수 있는 방법이 뭐가 있겠습니까? 그러나 하나님의 방법은 간단했습니다. 물고기를 육지로 보내 요나를 토해 내게 하신 것입니다. 하나님의 방법은 항상 간단합니다. 우리는 아무리 방법을 생각해 봤자 머리만 아프지 전혀 도움이 되지 않습니다. 하나님은 요나를 무사히 현실에 착륙시키시고, 물고기 뱃속에서 깨달은 바 이방인을 향한 하나님의 사랑을 실천할 수 있는 위대한 사명을 다시 한 번 맡겨 주셨습니다.

그리스도인들은 육체적인 피곤보다는 영적인 혼동 때문에 쓰러질 때가 많습니다. 그렇게 영적인 피곤에 빠졌을 때 요나는 어떻게 했습니까? 하나님을 생각했습니다. 크신 하나님, 신실하신 하나님을 생각했을 때 그의 영혼은 피곤에서 벗어나 구원의 확신을 얻게 되었습니다.

하나님은 우리 생각보다 훨씬 큰 능력을 가지고 계십니다. 우리는 경제가 잘 풀릴 때든지 그렇지 못할 때든지, 편안할 때든지 어려울 때든지 매 순간 그 능력으로 살아야 합니다. 어려울 때나 편안할 때나 우리는 변함없이 하나님의 도움으로 사는 사람들입니다. 육지에 있을 때나 물고기 뱃속에 있을 때나 하나님의 도움으로 사는 사람들입니다.

우리 영혼이 피곤할 때가 있는 것은 하나님이 우리를 바른 길로 인도하고 계시기 때문이며, 우리를 향해 선한 계획을 가지고 계시기 때문입니다. 그러므로 우리는 어려운 상황 그 자체보다 어떻게 하나님을 새로이 발견할 것인가에 집중해야 합니다. 하나님을 새로이 발견하면 자신의 존귀함이 보이고 비전이 세워집니다. 요즘 사람들은 돈이 생겨야 은혜를 받는데, 이것은 돈 천만 원, 일억 원에 비할 수 없이 귀중한 일입니다.

그러나 이런 은혜를 받았다고 해서 먹고사는 일이 해결되고 세상에 적응하는 일이 해결되지 않는다는 것이 문제입니다. 우리는 이 부분에서도 하나님을 신뢰해야 합니다. 저도 도무지 길이 보이지 않을 때가 많았습니다. 하늘은 쇠로 되어 있고 땅은 놋으로 되어 있는 듯 막막했던 때가 많았습니다. 그러나 하나님은 신실하셨습니다. 저는 세상에 다시 착륙한다는 것이 불가능할 줄 알았습니다. 정상적으로 다시 사회 생활을 한다는 것이 불가능할 줄 알았습니다. 그런데 하나님이 놀랍게 착륙하게 해 주셨고, 놀랍게 적응하게 해 주셨습니다. 하나님은 우리 생각 이상으로 신실한 분이십니다.

오늘 하나님이 우리 영혼의 피곤함을 치료해 주시기 바랍니다. 하나님을 새로이 발견하게 하심으로써, 물고기 뱃속을 천국으로 바꾸어 주시기를 바랍니다.

6

니느웨 성의 회개

요나 3:1–10

3:1 여호와의 말씀이 두 번째 요나에게 임하니라. 이르시되

2 "일어나 저 큰 성읍 니느웨로 가서 내가 네게 명한 바를 그들에게
선포하라" 하신지라.

3 요나가 여호와의 말씀대로 일어나서 니느웨로 가니라. 니느웨는 극히
큰 성읍이므로 3일 길이라.

4 요나가 그 성에 들어가며 곧 하룻길을 행하며 외쳐 가로되 "40일이 지나면
니느웨가 무너지리라" 하였더니

5 니느웨 백성이 하나님을 믿고 금식을 선포하고 무론 대소하고 굵은 베를
입은지라.

6 그 소문이 니느웨 왕에게 들리매 왕이 보좌에서 일어나 조복을 벗고 굵은
베를 입고 재에 앉으니라.

7 왕이 그 대신으로 더불어 조서를 내려 니느웨에 선포하여 가로되
"사람이나 짐승이나 소 떼나 양 떼나 아무것도 입에 대지 말지니 곧 먹지도
말 것이요 물도 마시지 말 것이며

8 사람이든지 짐승이든지 다 굵은 베를 입을 것이요 힘써 여호와께 부르짖을
것이며 각기 악한 길과 손으로 행한 강포에서 떠날 것이라.

9 하나님이 혹시 뜻을 돌이키시고 그 진노를 그치사 우리로 멸망치 않게
하시리라. 그렇지 않을 줄을 누가 알겠느냐?" 한지라.

10 하나님이 그들의 행한 것 곧 그 악한 길에서 돌이켜 떠난 것을 감찰하시고
뜻을 돌이키사 그들에게 내리리라 말씀하신 재앙을 내리지 아니하시니라.

3:1-10

옛날에 아주 관대한 마음을 가진 왕이 있었습니다. 이 왕은 얼마나 관대했던지 아무리 큰 잘못을 저질렀어도 자기 잘못을 인정하고 "다시 한 번 시작해 보겠습니다"라고 말하는 사람은 언제든지 용서해 주었습니다. 그런데 이 왕의 용서를 받지 못한 신하가 한 명 있었습니다. 너무 큰 죄를 지어서 용서받지 못한 것이 아닙니다. 왕의 특별한 미움을 받아서 용서받지 못한 것도 아닙니다. 그 신하는 끝까지 잘못하지 않았다고 고집을 부렸기 때문에 용서받지 못했습니다. 아무리 극악한 사람도 다 용서를 받았는데 이 신하만큼은 용서받지 못한 것을 보면, 그의 고집이 얼마나 컸으며 그의 교만이 얼마나 극심했는지 짐작할 수 있습니다.

옛날에 결코 용서받을 수 없는 나라가 있었습니다. 그 나라는 앗수르였습니다. 그런데 하나님은 요나 선지자를 보내서 앗수르의 수도 니느웨 성 사람들을 회개시킴으로써 용서받게 하셨습니다. 세상 어떤 사람들도 니느웨 성 사람들이 용서받고 새로운 삶을 시작할 수 있으리라고는 생각지 않았습니다. 그럼에도 불구하고 그들은 용서를 받았습니다. 그에 비해 니느웨 성 사람들보다 말할 수 없이 의로웠던 이스라엘 백성들은 하나님의 용서를 받지 못했습니다. 니느웨 성은 멸망하리라고 하셨지만 멸망하지 않았습니다. 그러나 이스라엘은 멸망하리라 하신 말씀대로 멸망했습니다. 그 이유는 단 하나입니다. 이스라엘 사람들의 교만 내지는 자존심이 멸망을 불러온 것입니다.

만약 우리가 하나님의 은혜를 받지 못하고 위대한 새 출발을 하지 못한다면 그 이유는 단 한 가지, 잘못된 자존심 때문입니다. 하나님 앞에서 나의 부족함과 두려움과 죄를 인정하고 무릎만 꿇으면 되는데, 그것을 못해서 하나님의 용서와 은혜를 체험하지 못하는 것입니다.

두 번째 명령

하나님은 두 번째로 요나에게 명령을 내리셨습니다. "여호와의 말씀이 두 번째 요나에게 임하니라. 이르시되 '일어나 저 큰 성읍 니느웨로 가서 내가 네게 명한 바를 그들에게 선포하라' 하신지라"(3:1-2).

이것은 니느웨 사람들에게 말할 수 없는 축복이었습니다. 니느웨 사람들은 이것이 두 번째 명령인 줄 몰랐습니다. 첫 번째 명령은 요나가 자기 마음대로 삭제해 버렸기 때문에 니느웨 사람들은 첫 번째 말씀을 들어 보지도 못했습니다. 그런데 하나님은 또 한 번 선지자에게 명령을 내려서 니느웨 사람들에게 말씀 들을 기회를 주셨습니다. 만약 하나님이 이 두 번째 기회를 주지 않으셨다면 니느웨 성은 또 하나의 소돔과 고모라가 되고 말았을 것입니다. 그러나 하나님은 심판의 말씀이 이미 임한 줄도 모르고 살아가고 있던 그들에게 다시 한 번 심판의 말씀을 들려 주심으로써 생각을 돌이킬 수 있는 기회를 주셨습니다.

사람이 자기 자신에 대해 진지하게 생각할 기회를 얻는다는 것은 대단히 중요한 일입니다. 그런데 거의 대부분의 사람들은 자기가 어떤 사람인지, 자기 앞에 기다리고 있는 일이 무엇인지 진지하게 생각하려 들지 않습니다. 현대인들의 가장 큰 문제점은 진지하지 못한 것입니다. 특히 젊은 사람들은 진지해지는 것을 아주 두려워합니다. 그래서 어떻게 해서든지 진지한 분위기를 피해 보려고 말도 안 되는 농담을 할 때가 많습니다.

우리는 어떻게 자기 모습을 봅니까? 대개 남들의 말을 근거로 봅니다. 자기 혼자서는 자기 모습을 제대로 알 수가 없습니다. 남들의 말을 통해 '아, 내가 이러저러한 모습을 가지고 있구나' 하고 짐작하는 것이지요. 그런데 문제는 남들이 내 모습을 정확하게 비추어 주지 못한다는 데 있습니다. 사람은 다 울퉁불퉁한 거울 같습니다. 울퉁불퉁한 거울을 보면 어떻습니까? 어떤 각도에 서서 보느냐에 따라 머리가 외계인처럼 커지기도 하고 목이 길어지기도 하며 몸통이 가늘어지기도 합니다. 이렇게 사람들에게 비친 내 모습은 정확하지가 못합니다. 그러나 하나님의 말씀은 그렇지 않습니다. 하나님의 말씀 앞에 서면 누구나 자기 모습을 정확하게 볼 수 있습니다. 내가 지금 어디로 가고 있으며, 앞으로 10년 뒤나 20년 뒤에 어떤 모습을 하고 있을지 분명하게 볼 수 있습니다.

니느웨 사람들은 지금까지 죄짓고 사느라, 다른 나라 백성들의 물건을 약탈해 오느라 자기 자신에 대해 생각할 시간이 없었습니다. 또 기껏 생각한다 하더라도 남들과 자신을 비교하는 것이 고작이었기 때문에 정확한 자기 모습을 알 수가 없었습니다. 그들은 두 번째로 임한 하나님의 말씀이 요나의 입에서 나왔을 때에야 비로소 정확한 자기들의 모습을 볼 수 있었습니다. 하나님의 눈에 비친 그들의 모습은 어떤 것이었습니까? 부자도 아니고 용사도 아니었습니다. 40일만 지나면 사형이 집행될 사형수들이었습니다.

그들이 두 번째 명령을 받은 요나를 만난 것은 큰 다행이 아닐 수 없습니다. 왜냐하면 첫 번째 명령을 받았을 때의 요나와 지금의 요나 사이에는 엄청난 차이가 있기 때문입니다. 첫 번째 명령을 받았을 때 요나는 이론적으로만 하나님을 아는 사람이었습니다. 그러나 지금의 요나는 하나님을 직접 경험한 사람, 지옥 입구까지 떨어졌다가 하나님의 용서를 체험하고 돌아온 사람이었습니다.

이론적으로만 용서를 아는 사람과 실제로 용서를 경험한 사람은 완전히 다를 수밖에 없습니다. 이론적으로만 용서를 아는 사람에게는 열정이 없습니다. "한번 기도해 봐. 용서해 주실 거야. 용서받지 못해도 그건 너희 사정이지만." 그러나 자신이 직접 용서를 경험해 본 사람의 말 속에는 간절함이 있습니다. "하나님은 진짜 용서하는 분이야. 봐, 바로 내가 하나님의 말씀을 거역했다가 저 바다 밑층까지 들어갔던 사람이잖아? 나는 물고기 뱃속에서도 용서받았어. 그러니 너희도 꼭 회개해서 용서받아!"

첫 번째 명령을 받은 요나를 만났다면 니느웨 사람들이 이처럼 한마음으로 회개하지 않았을지도 모릅니다. 그러나 자기 자신이 직접 말씀에 불순종했다가 무서운 심판을 받고 용서를 체험하고 나서 말씀을 전했을 때, 그 말씀에는 불이 들어 있었고 확신이 들어 있었습니다.

"하나님은 진짜 심판하는 분이시다. 한번 심판한다고 하시면 반드시 심판하는 분이시다."

"그걸 어떻게 알아요?"

"내가 경험했다, 내가! 내가 저 바다 밑 물고기 창자 속에서 살아 나온 사람이야. 냄새 한번 맡아 봐. 비린내 지독하지? 하지만 거기에서도 회개하니까 살려 주셨다구!"

체험에서 나온 이 말씀이 니느웨 성 사람들의 마음을 움직이기 시작했습니다. 그들은 '야, 저 사람을 물고기 뱃속에 집어넣을 정도의 하나님이라면 이 성도 능히 뒤집어엎으실 수 있겠다. 저 비린내 나는 선지자를 용서하신 하나님이라면 우리도 능히 용서해 주실 수 있겠다'는 생각을 갖게 되었습니다.

하나님 앞에 중요한 것은 내가 어떤 죄를 지어서 어떤 상태에 처하게 되었느냐가 아닙니다. 하나님 앞에 중요한 것은 죄지은 이 상태 그대로 하나님 앞에 나아갈 것이냐, 자존심을 내세우고 나아가지 않을 것이냐 하는 것입니다. 오늘날 많은 사람들은 성경이 이론적으로 옳다는 것을 알고 있습니다. 그러나 그들이 정말 알고 싶어하는 것은 성경대로 살면 진짜로 능력이 나타나느냐 하는 것입니다. 성경대로 살아도 정말 안 굶어 죽느냐, 정말 세상의 빛이 되고 소금이 되느냐, 정말 하나님은 심판하는 분이시냐, 정말 용서하는 분이시냐에 대해 실제적인 이야기를 듣고 싶다는 것입니다. 이런 것들에 대한 이론 말고 실제를 듣고 싶다는 것입니다.

요나는 실제를 아는 사람이었습니다. 그는 말씀을 거역했다가 지옥 입구까지 갔다 왔습니다. 그는 물고기 뱃속에서 다시 육지로 나오는 것이 가능하다는 것을 경험했습니다. 무서운 심판의 하나님뿐 아니라, 극도로 절망적인 상황에서도 "하나님, 잘못했습니다. 저를 용서하시고 다시 한 번 시작하게 해 주십시오"라고 기도하면 물고기 뱃속에서도 능력으로 끄집어내시는 능력의 하나님을 경험했습니다. 그는 자기가 경험한 그 하나님을 증거했습니다.

요나의 선포

요나는 어떤 식으로 말씀을 선포했습니까? "요나가 여호와의 말씀대로 일어나서 니느웨로 가니라. 니느웨는 극히 큰 성읍이므로 3일 길이라. 요나가 그 성에 들어가며 곧 하룻길을 행하며 외쳐 가로되 '40일이 지나면 니느웨가 무너지리라' 하였더니"(3:3-4).

아마 니느웨는 성이 생긴 이래 최초로 하나님의 말씀을 전하는 설교자를 만났을 것입니다. 요나는 그들에게 아주 생소한 사람이었습니다. 차림새도 달랐고 언어도 달랐습니다. 그럼에도 불구하고 그들은 요나가 정말 하나님이 보내신 사람임을 알 수 있었습니다.

오늘 말씀은 요나가 '외쳤다'고 말합니다. 요나는 니느웨 성에서 외치기 시작했습니다. 이 큰 성에서 이렇게 큰 소리로 심판을 외칠 수 있는 사람은 아무도 없었습니다. 그런데 요나는 그 성에서 마구 외쳐 댔습니다. 왜 외쳐 댔습니까? 눈에 뵈는 게 없었기 때문입니다. 눈에 뵈는 게 없는 사람은 미친 사람이든지, 말씀에 붙들린 사람이든지 둘 중 하나입니다. 니느웨 성에서 소리를 지르며 심판을 회개를 촉구한 사람은 요나 한 사람밖에 없었습니다. 다른 사람들은 "오, 견고한 성이여, 니느웨 백성들의 용맹이여" 하면서 찬양하기에만 바빴습니다. 그런데 어디서 갑자기 생선 비린내 나는 사람 하나가 나타나더니 마구 소리를 지르는 것입니다. "시간이 없다! 40일이면 끝장이다! 이 죄인들아! 이 망할 놈들아!"

하나님의 말씀은 여지를 주지 않습니다. 사람은 "그래도 이러저러하게 하는 편이 바람직하지 않겠느냐?"는 식으로 여지를 주면서 말하지만, 하나님의 말씀은 일대일로 붙잡고 눈을 부릅뜬 채 "너 죽을래, 살래?" 하면서 선택을 촉구합니다.

요나의 설교는 일종의 야외 설교였습니다. 야외 설교는 정해진 청중 없이 사람들이 모인 곳에서 설교하는 방식입니다. 야외 설교를 하는 사람들은 말씀을 듣지 않으려고 하는 자들의 방해를 감수할 각오를 해야 합니다. 예를 들어 스펄전이 설교할 때는 썩은 계란은 물론이고 죽은 고양이 시체까지 날아왔습니다. 때로는 날아온 돌멩이에 맞아 피가 흐를 때도 있었습니다. 그런데 놀라운 것은 그럴 때 하나님이 그 설교자의 마음속에 큰 확신을 주신다는 것입니다. '내가 지금 외치는 말씀은 하나님이 주시는 말씀이다. 내가 야유를 받는 것은 물론이고 멱살이 잡혀서 끌려 내려간다 하더라도 이 말씀만큼은 전해야 한다'는 뜨거운 확신을 주십니다.

니느웨 성에서 설교하는 것은 결코 쉬운 일이 아니었을 것입니다. 니느웨가 얼마나 큰 성입니까? 니느웨 사람들이 얼마나 강퍅한 사람들입니까? 그들은 눈 하나 깜짝하지 않고 다른 나라 백성들을 죽이는 자들입니다. 그러나 요나는 확신하고 있었습니다. '하나님은 한번 하신 말씀은 분명히 이루는 분이시다. 40일 후에 망한다고 하셨으면 분명히 망한다'는 확신이 있었습니다.

설교자는 설교하기 전에 자기 자신에게 물어 봐야 됩니다. '오늘 내가 전하려고 하는 이 말씀이 정말 오늘 이 시간 이 성도들에게 주신 말씀인가?' 그래서 정말 그렇다는 확신이 들면 사람들이 무어라고 하든 간에 외쳐야 합니다. 그러나 그런 확신 없이 전하는 말씀에는 힘이 없습니다. 아무리 미사여구를 동원하고 원어를 사용하고 멋진 비유를 갖다 대도 한낱 변명으로밖에 들리지 않습니다.

니느웨 성 사람들은 이렇게 뜨거운 확신을 가지고 멸망을 선포하는 설교자를 만난 적이 없었습니다. 그들이 만난 설교자는 정말 이상한 사람이었습니다. 그는 겁을 내지 않았습니다. 아무도 그의 입을 틀어막을 수 없었습니다. 이 확신에 찬 설교자의 말씀이 니느웨 성 사람들의 마음을 움직이기 시작했습니다. "니느웨 백성이 하나님을 믿고 금식을 선포하고 무론 대소하고 굵은 베를 입은지라"(3:5).

니느웨 사람들은 지금까지 해나 달 같은 것들을 믿었지, 인격적인 신을 믿지 않았습니다. 그들에게는 '말씀하시는 하나님'이라는 개념이 없었습니다. 그런데 요나의 확신에 찬 설교를 들으면서 '인격적인 신이 있을 수도 있다. 그 신이 우리에게 진노하고 있으며 40일 후에 우리를 멸망시킨다는 말이 사실일 수도 있다'는 생각이 들기 시작했습니다. 이러한 깨달음은 일반 백성들 사이에 큰 회개 운동을 일으켰습니다. 그리고 이 소문이 왕의 귀에까지 들어가게 되었습니다. "그 소문이 니느웨 왕에게 들리매 왕이 보좌에서 일어나 조복을 벗고 굵은 베를 입고 재에 앉으니라. 왕이 그 대신으로 더불어 조서를 내려 니느웨에 선포하여 가로되 '사람이나 짐승이나 소 떼나 양 떼나 아무것도 입에 대지 말지니 곧 먹지도 말 것이요 물도 마시지 말 것이며 사람이든지 짐승이든지 다 굵은 베를 입을 것이요 힘써 여호와께 부르짖을 것이며 각기 악한 길과 손으로 행한 강포에서 떠날 것이라'"(3:6-8).

이렇게 왕까지 나서서 전국적인 규모의 회개 운동을 이끈 것은 참으로 놀라운 일입니다. 백성들 중에 회개 운동이 일어났다고 해서 왕까지 이런 식으로 솔선수범해서 앞에 나서는 경우는 거의 없습니다. 오히려 백성들 사이에 좋지 않은 풍습이 퍼지고 있다고 해서 탄압하는 경우가 일반적이지요. 그런데 니느웨에서는 회개 운동이 왕에게까지 확대되어 왕이 직접 베옷을 입고 재에 앉아서 회개하는 일이 벌어졌습니다. 왕은 철저한 회개를 위해 백성들에게 베옷을 입혔을 뿐 아니라 짐승들에게까지 베옷을 입혔고, 사람들에게 금식을 시켰을 뿐 아니라 짐승들에게까지 금식을 시켰습니다. 참으로 놀라운 성령의 역사가 아닐 수 없었습니다.

물론 구약성경에는 '성령의 역사'라는 표현이 나오지 않지만 신구약 시대를 막론하고 이런 회개 운동은 전부 성령께서 일으키시고 주도하시는 것입니다. 니느웨에서 어떻게 이처럼 놀라운 성령의 역사가 일어날 수 있었을까요? 오직 하나님께서 니느웨 사람들을 불쌍히 여기셨다고밖에는 말할 수 없습니다. 사람은 이런 회개 운동을 일으킬 수 없습니다. 요나가 크게 외치고 담대하게 설교하긴 했지만, 그것이 곧 이 회개 운동을 일으킨 원인은 아닙니다. 이것은 순전히 성령께서 주권적으로 일으키신 일입니다. 성령께서 사람들의 마음을 한꺼번에 움직이셔서 영혼을 추수하신 것입니다.

그래서 가장 놀라운 은혜는 하나님이 어떤 사람들을 불쌍히 여기시는 것입니다. 하나님이 사람들을 불쌍히 여기실 때 첫 번째로 나타나는 현상은 강력한 설교자의 등장입니다. 사람들의 비위를 맞추지 않고 사람들과 타협하지 않는 설교자가 등장해서 사람들의 중심을 파헤치기 시작합니다. 그래서 마지막 남은 한 방울의 교만까지 토해 내게 만듭니다.

존 스토트는 내쉬라는 목사님의 전도를 받았습니다. 내쉬는 영국의 명문 고등학교에 다니는 학생들을 전도해서 복음적인 사람으로 만드는 일을 했습니다. 그런데 이 내쉬의 편지가 그렇게 무서웠다고 합니다. 고쳐야 할 죄를 얼마나 강력하게 지적하는지, 편지 읽기 전에 한 30분 통성기도를 해야 할 정도였습니다. 그는 사랑이 많은 사람이었지만, 죄에 대해서는 전혀 여지를 주지 않았습니다. 하나님은 예레미야에게 사명을 주시면서, 건설하며 심기 전에 "뽑으며 파괴하며 파멸하며 넘어뜨리"는 역할부터 하라고 하셨습니다(렘 1:10). 건물 자체가 잘못 세워졌을 때에는 부분적인 개보수만으로 문제를 해결할 수 없습니다. 완전히 헐어 버린 후에 다시 세워야 합니다.

부흥의 역사는 한 사람 한 사람이 개별적으로 하나님께 돌아오는 것이 아니라, 많은 사람들이 집단적으로 한꺼번에 위기의식을 느끼고 하나님께 돌아오는 것입니다. 바로 이 부흥의 역사가 가장 악한 백성들 가운데, 가장 회개할 가능성이 없는 백성들 가운데 뜨겁게 일어나고 있었는데, 그 촉매가 바로 강력한 설교자였습니다. 요나는 그 자신이 하나님의 말씀에 불순종함으로 지옥 입구까지 갔다 온 사람이었습니다. 그는 하나님이 자신의 선지자라도 불순종할 때 용서하지 않고 멸망에 던지시는 분임을 알았습니다. 또 회개하는 자는 지옥 입구에서도 건져 내서 다시 한 번 위대한 삶을 살도록 축복하시는 분임을 알았습니다. 그는 40일 후에 이 성이 망할 것을 확실히 믿었습니다. 이 확신이 그의 설교에 불을 붙였습니다. 자기가 믿지 못하는 것을 다른 사람에게 믿게 할 수는 없습니다. 요나는 하나님의 말씀대로 될 것을 확실히 믿었기 때문에 강력하게 설교할 수 있었습니다. 이것이 니느웨 부흥의 시작이 되었습니다.

두 번째로 하나님은 이런 회개의 역사를 일으키실 때 하나님과 사람들 사이를 가로막고 있는 쓰레기들을 치우십니다. 믿은 기간이 오래되면 하나님과 우리 사이에 수많은 의식과 절차가 생겨나게 되고 하나님과 성도들을 가로막는 쓰레기들이 많아집니다. 그렇다고 해서 의식과 절차 자체가 쓰레기라는 말은 아닙니다. 하나님의 말씀을 듣는 데 걸리적거리는 게 많이 생기고 부딪치는 게 많이 생겨서 무언가 복잡해진다는 것입니다. 그러나 하나님이 부흥을 일으키실 때에는 의식과 절차 없이 단도직입적으로 설교하는 설교자가 나타납니다. 그들은 대개 기존 교회에서 환영을 받지 못하기 때문에 야외에서 설교하는 경우가 많습니다. 조지 휫필드는 그 대표적인 설교자였습니다. 그는 육성으로 3만 명이 넘는 사람들에게 설교했고, 그 설교를 들은 사람들이 빗속에 뒹굴며 회개하는 역사가 일어났습니다.

오늘 우리에게 필요한 것이 이것입니다. 하나님을 단도직입적으로, 일대일로 만나야 합니다. 봉사 활동 뒤에, 신앙 경력 뒤에 자신을 숨기지 말고 내가 도대체 어떤 상태에 있는지, 지금까지 믿어 온 것이 정말 제대로 믿은 것인지, 하나님이 나를 과연 어떻게 생각하고 계신지 똑똑히 보아야 합니다. 니느웨 사람들처럼 하나님을 전혀 몰랐던 사람들에게도 이런 은혜의 역사가 나타났습니다. 그러나 그들에 비해 몇 배 더 거룩한 이스라엘 백성들에게는 그런 역사가 일어나지 않았다는 것을 기억해야 합니다. 그들은 자존심과 고집으로 은혜의 통로를 막아 버렸습니다.

니느웨 사람들이 어떻게 요나의 설교에 무릎을 꿇게 되었을까요? 하나님이 요나의 설교에 함께하신 이유도 있지만, 다른 한편으로 니느웨 사람들의 마음을 미리 낮추신 이유도 있었다고 생각합니다. 사람들은 너무 교만해서 어려움이 없으면 하나님의 말씀을 받으려 하지 않습니다. 학자들은 요나가 설교하기 전에 니느웨 성에 큰 흉년과 전염병이 돌아서 많은 사람이 죽었을 것이라고 추측합니다. 저도 그랬을 가능성이 있다고 봅니다. 그렇기 때문에 한 번의 설교에 무릎을 꿇은 것입니다. 배가 부르면 아무리 능력 있는 설교를 들어도 트림만 나오지 회개가 나오지 않습니다. 그러나 어려움을 당하면 단 한 번의 설교에도 무릎을 탁 꿇습니다.

중국 사람들이 얼마나 공산당에 시달렸습니까? 그러니까 마음이 가난해져서 설교를 하면 몇 시간씩 앉아서 듣습니다. 북한도 마찬가지입니다. 북한에 복음을 선포하면 큰 역사가 나타날 것입니다. 요즘 젊은이들도 마찬가지입니다. 얼핏 생각하기에는 복음을 듣고 싶어하지 않을 것 같지만 그렇지 않습니다. 진짜 복음을 듣고 싶어합니다. 가난하지도 않고 배고프지도 않은데 왜 그렇습니까? 미래가 보이지 않기 때문입니다. 스스로 너무나 많은 죄에 빠져 있다는 것을 알기 때문입니다. 죄에서 벗어나고 싶지만 눈에 보이는 것, 귀에 들리는 것이 전부 죄입니다. 그래서 마음 깊은 곳에 '누가 나를 여기에서 건져 줄 수는 없는가? 좀더 나다운 삶을 살게 해 줄 수는 없는가? 길을 보여 줄 수는 없는가?' 하는 번민을 가지고 있습니다. 그럴 때 복음을 선포하면 놀라운 역사가 나타납니다. 얼마나 울어 대는지 마치 폭탄을 던져 놓은 것 같아요. 머리 노랗게 물들인 애도 울고, 빨갛게 물들인 애도 울고, 귀걸이 한 애도 울고, 찢어진 바지 입은 애도 웁니다. 도대체 회개할 것 같지 않은 젊은이들이 의자 다 던져 버리고 바닥에 엎어져서 꺽꺽 소리를 내면서 우는 것을 보면 '바로 이거구나! 이것이 구원의 역사로구나!' 하는 생각이 절로 듭니다.

지금 우리에게는 다른 소망이 없습니다. 사람을 두려워하지 않는 설교자들이 일어나서 담대하게 복음을 선포해야 합니다. 하나님의 말씀은 조금만 소홀히 해도 우리를 떠나 버립니다. 목사와 온 성도가 간절하게 하나님의 말씀에 매달리면서 "주여, 우리에게 말씀을 주소서. 다른 것은 안 주셔도 됩니다. 제 위장병은 금방 낫지 않아도 됩니다. 우리 집은 금방 이사하지 못해도 됩니다. 제 어려움은 조금 늦게 해결되어도 됩니다. 오직 말씀을 주소서!" 하고 기도하고 사모할 때 말씀이 주어지기 시작합니다. 그러나 교인들이 교만해져서 "우리 교회 이 정도면 됐다. 이제 이 사업도 해 보고 저 사업도 해 보자" 하면서 말씀을 소홀히 하면, 몇 년이 채 못되어서 말씀이 딱 끊어져 버립니다. 말씀이라는 것이 얼마나 놓치기 쉬운지 모릅니다. 말씀을 얻으려면 얼마나 간절히 사모해야 하는지 몰라요. 말씀도 붙들고 다른 욕심도 붙들려고 하면 절대 말씀이 살아나지 않습니다.

하나님이 우리에게 가까이 다가오시면 죄에 대해 비상한 깨달음이 생깁니다. 전에는 죄로 생각하지 않았던 것들이 막 살아나서 괴롭히기 시작합니다. "그러면 도대체 어쩌란 말이냐? 그런 것까지 다 회개해야 한다면 도대체 어떻게 살아야 한단 말이냐?" 이 말이 입에서 나와야 합니다. 그러면 어떤 현상이 나타납니까? 하나님 앞에 무릎 꿇고 기도하고 싶은 강력한 욕구가 일어납니다. 사람들을 별로 만나고 싶지 않습니다. 하나님 앞에 좀더 오래 머물면서 기도만 하고 싶습니다.

우리가 간구해야 할 것이 바로 이것입니다. 하나님이 우리나라와 우리나라 교회를 좀더 불쌍히 여기셔서 가까이 찾아오시도록, 우리에게 좀더 가까이 찾아오셔서 우리 속에 있는 교만을 마지막

한 방울까지 토해 내지 않으면 죽을 수밖에 없다는 절박한 마음을 주시도록 간구해야 합니다.

그리하여 하나님 앞에 우리 모습을 있는 그대로 인정하고 "하나님, 한 번만 더 기회를 주십시오"라고 부르짖을 때, 하나님이 얼마나 기뻐하시고 사랑하시는지 모릅니다. 사실 짐승들이 뭘 안다고 베옷을 입히겠습니까? 그러나 하나님은 그렇게 하면서까지 회개의 심정을 표현하는 니느웨 사람들의 중심을 사랑하셨습니다. 사실 다른 사람들 눈에는 회개한다고 짐승들한테까지 베옷을 입히고 눈물 콧물 흘리며 우는 모습이 참 유치해 보입니다. "신앙 생활을 꼭 그렇게 지저분하게 해야 되냐?"는 말이 절로 나옵니다. 그러나 하나님은 그 유치한 모습을 사랑하십니다.

니느웨의 회개 방식

니느웨 사람들의 회개는 세 가지 방식으로 나타났습니다. 첫째로, 그들에게는 '우리 모두 하나님 앞에 똑같은 죄인'이라는 인식이 있었습니다. 누구는 더 악하고 누구는 덜 악하다는 생각이 없었습니다. 자신들은 모두 하나님 앞에 똑같은 죄인으로서 소돔과 고모라처럼 멸망해 마땅하다고 여겨서, 누구 한 사람 혼자 살려고 성에서 도망치지 않고 한 덩어리가 되어 회개했습니다. 사실 니느웨에도 좀더 의로운 사람도 있었을 것이고 좀더 악한 사람도 있었을 것입니다. 그런데 그들은 왕도 죄인이고 평민도 죄인이고 심지어 짐승들까지 똑같은 죄인이라는 인식을 가지고 있었습니다. 그 이유가 무엇입니까?

니느웨 사람들은 하나님 앞에서 자신들의 모습을 보았습니다.

그랬더니 사람은 물론이고 짐승들에 이르기까지 썩지 않은 부분이 한 군데도 없었습니다. 사람들끼리 비교하면 서로 차이가 많이 보일 수 있습니다. 그러나 하나님 앞에 서면 총체적인 부패가 드러나게 되어 있습니다. 만약 우리가 '지금 예배드리고 있는 우리는 회개할 필요가 없다. 저 안 믿는 사람들, 저 부도덕한 사람들만 회개하면 된다'고 생각한다면 그것은 잘못된 생각입니다. 그들의 죄는 우리와 관련이 있습니다. 크고 작은 차이는 있지만 우리 역시 이 사회의 죄에 감염되어 있습니다. 지금 우리 사회는 교회나 세상이나 썩지 않은 부분이 없습니다. 몇 사람만 회개하면 될 상황이 아닙니다.

이스라엘에서도 한때 이런 회개 운동이 일어난 적이 있었습니다. 미스바 회개 운동이 그것이었습니다. 이스라엘에 필요한 것은 왕으로부터 평민에 이르는 범국민적인 회개 운동이었습니다. 그렇게 했다면 니느웨 사람들도 용서해 주신 하나님이 이스라엘 백성들을 용서해 주지 않으셨겠습니까? 니느웨 성 사람들에게도 기회를 주신 하나님이 이스라엘 백성들에게 기회를 주지 않으셨겠습니까?

요나가 안타까워하는 것이 바로 이것입니다. '이런 부흥의 역사는 이스라엘에서 일어나야 하는데 왜 니느웨에서 일어나느냐?' 하는 거예요. 그는 이스라엘이 장로와 아이들을 모으고 신랑도 골방에서 나오게 하고 다른 백성들도 몰수히 모아서 하나님 앞에 회개하기를 바랐습니다. 그러나 이스라엘 백성들은 너무나 개인적이어서 이렇게 전체적으로 모일 생각을 하지 않았습니다. 그들은 전부 자기 문제에 빠져 있었고 하나님 앞에 진지해지기를 두려워했습니다. 하나님 앞에 진지해지면 자기 계획을 포기해야 하고 자기 욕심을 포기해야 합니다. 그런데 그것을 포기하기 싫으니까 아예 진지해질 마음을 먹지 않은 것입니다. 그래서 니느웨의 악한 사람들은 구원을 받았는데 이스라엘 백성들은 구원받지 못했습니다.

둘째로, 니느웨 사람들은 하나님 앞에서 진정으로 자신들을 낮추었습니다. 그들은 굵은 베옷을 입고 재 위에 앉아 금식하며 회개했습니다. 굵은 베옷은 누군가 죽었을 때 입는 옷입니다. 재 위에 무릎을 꿇고 앉는 것은 심판받을 죄인이라는 뜻입니다. 음식을 먹지 않는 것은 먹을 가치조차 없는 죽은 목숨이라는 뜻입니다. 그들은 하나님 앞에서 스스로 멸망을 피할 수 없는 죄인임을 인정했습니다.

회개는 하나님 앞에서 자기 자신을 낮추는 것입니다. 니느웨 사람들은 요나의 설교를 들었을 때 하나님은 정말 니느웨 성을 멸망시킬 능력이 있는 분임을 믿게 되었습니다. 아마도 요나는 자기의 경험을 이야기했을 것입니다. 도망치는 선지자에게 엄청난 폭풍을 보내신 분이 누구입니까? 바다에 빠진 그를 위해 큰 물고기를 준비하신 분이 누구입니까? 물고기 뱃속에서 그를 다시 살리신 분이 누구입니까? 그런 하나님이라면 니느웨도 능히 멸망시키실 수 있지 않겠습니까? 니느웨 사람들에게는 다른 증거가 더 필요치 않았습니다. 물고기 뱃속에서 사흘 동안 갇혀 있다 살아 나온 이 선지자야말로 분명한 표적이요 증거였습니다. 그들은 그가 증거한 하나님 앞에 무릎을 꿇었습니다.

셋째로, 니느웨 사람들은 자신들의 삶을 바꾸었습니다. 왕은 백성들에게 각기 악한 길과 손으로 행한 강포에서 떠나라고 명령했고, 백성들은 그 명령에 순종했습니다. 그들은 도둑질과 강도 짓을 먹고사는 방편으로 삼았던 자들이었습니다. 그런 그들이 악한 길과 강포를 버린다는 것은 곧 실직자가 된다는 뜻이나 다름없었습니다. 그런데도 그들은 그것을 버리고 하나님 앞에 새로운 삶을 살기로 작정했습니다. 회개는 단지 마음속으로 자기 죄에 대해 미안해하고 유감스러워하는 것이 아닙니다. 회개는 옛날의 방식을 버리고 완전히 새로운 방식으로 살기 시작하는 것입니다.

니느웨 사람들에게는 이 일이 가능했는데 이스라엘 사람들에게는 왜 불가능했을까요? 그들은 자신들의 상태를 너무 낙관적으로 생각했습니다. 선지자들이 수없이 경고했음에도 불구하고 너무나 은혜에 길들여진 나머지 설마 하나님께서 자기들을 버리시겠는가 생각하다가 전부 심판을 당하고 말았습니다.

하나님의 용서

니느웨 왕이 바랐던 것이 무엇입니까? "'하나님이 혹시 뜻을 돌이키시고 그 진노를 그치사 우리로 멸망치 않게 하시리라. 그렇지 않을 줄을 누가 알겠느냐?' 한지라"(3:9). 니느웨 왕이 바란 것은 다른 것이 아닙니다. 하나님이 "혹시 그 뜻을 돌이키시고" 다시 한 번 기회를 주시지 않을까 하는 것입니다. 무슨 뜻입니까? 하나님은 너무나 크신 분이기 때문에 베옷을 입는다든지 금식을 한다든지 폭력을 버린다든지 하는 자신들의 노력으로는 그 뜻을 바꿀 수 없다는 것입니다. 그래도 자신들이 하나님 앞에 변화된 모습을 보여 드리면 그 중심을 보시고 용서하실지도 모르지 않느냐는 것입니다.

지금 이 이방인 왕의 입에서 놀라운 믿음의 고백이 나오고 있습니다. 어떤 사람도 자기 노력으로 하나님의 뜻을 돌이킬 수는 없습니다. 하나님은 모든 것을 스스로 결정하십니다. 어떤 인간도 하나님 앞에 "제가 40일 기도했으니 이렇게 해 주십시오. 제가 금식했으니 저렇게 해 주십시오"라고 말할 수 없습니다. 인간은 하나님께 아무것도 강요할 수 없습니다. 어떤 식으로든 하나님을 윽박지르는 것은 바른 신앙이 아닙니다. 니느웨 사람들은 "우리가 이렇게 짐승들까지 굶겼으니 반드시 용서해 주셔야 합니다. 그렇지 않으면 데모할 거예요. 우리가 이렇게 짐승들까지 베옷을 입혔으니 용서해 주셔야 합니다. 그렇지 않으면 베옷 값 청구하겠습니다"하지 않았습니다. 우리가 가져야 할 바른 자세는 이 니느웨 왕처럼 '우리는 우리가 할 수 있는 최선을 다해서 하나님 앞에 변화된 모습을 보여 드리자. 그러면 혹시 긍휼히 여기실지도 모른다'고 생각하는 것입니다.

하나님은 이처럼 자신을 낮추는 자를 그냥 지나치시지 않습니다. 하나님을 바라보는 자를 곤경에 내버려 두시지 않습니다. "하나님이 그들의 행한 것 곧 그 악한 길에서 돌이켜 떠난 것을 감찰하시고 뜻을 돌이키사 그들에게 내리리라 말씀하신 재앙을 내리지 아니하시니라"(3:10).

니느웨 사람들에게 40일의 기간은 자신들의 변화된 모습을 하나님 앞에 보여 드릴 수 있는 기회였습니다. 하나님은 그 기간에 그들이 악한 길에서 정말 떠난 것을 보시고 작정했던 재앙을 취소하셨습니다. 하나님은 이처럼 아무리 재앙이 확정되어 있었고 심판을 내리기로 결정하셨다 하더라도, 회개하며 나아오는 자에게 은혜를 베푸시고 재앙을 취소하시는 분입니다.

하나님 앞에서 생각할 수 있는 시간이 있다는 것이 얼마나 복된 일입니까? 진노하시는 하나님 앞에 나의 변화된 모습을 보여 드릴 수 있는 시간이 있다는 것, 하루든 이틀이든 일주일이든 한 달이든 하나님의 말씀으로 변화된 모습을 보여 드릴 수 있는 기회가 있다는 것이 얼마나 놀라운 축복입니까? 하나님은 우리에게 두 번째 기회를 주셨습니다. 이 두 번째 기회를 절대 내 욕망대로 허비하면 안 됩니다. 오늘 하나님이 나의 부족함을 보여 주시고 하나님 앞에 기도할 심정을 주셨다면, 그것은 하나님이 나를 사랑하시는 증거입니다. 우리 민족의 무서운 죄성을 보게 하시고 하나님 앞에 무릎 꿇고 기도하게 하셨다면 그것은 큰 은혜의 증거입니다. 이 기회를 놓치지 않고 붙잡으면 다시 한 번 위대한 삶을 살 수 있습니다.

니느웨 성의 회개 운동은 두려움을 모르는 한 선지자로부터 시작되었습니다. 그의 말씀은 멸망이 확정된 니느웨 성을 살리는 변화를 가져왔습니다. 오늘날 너무나도 많은 사람들이 죄의 심각성을 깨닫지 못한 채 살고 있습니다. 사람들과 타협하지 않고, 사람들의 눈치를 보지 않고, 불 같은 확신을 가지고 죄를 지적하는 요나 같은 설교자들이 일어나야 합니다.

지금은 우리 모두가 하나님 앞에 나아가 기도해야 할 때입니다. 이 백성을 불쌍히 여겨 주셔서 다시 한 번 이 백성이 겸손해질 수 있도록, 그리하여 다시 한 번 살 수 있는 기회를 얻을 수 있도록 간구해야 합니다. 우리가 어떤 상태에 있든지, 어떤 죄를 지었든지 간에 하나님 앞에 회개하며 나아가면 얼마든지 위대한 삶을 다시 시작할 수 있습니다. 만약 자기 죄를 용서받지 못하고 위대한 삶을 살지 못하는 사람이 있다면, 그것은 순전히 본인의 고집과 자존심 때문입니다.

오늘 하나님이 우리 마음속에 찾아오셔서 위대한 그분을 만나게 되기를 바랍니다. 그동안 중단되어 있었던 기도가 뜨겁게 터져나오고, 하나님을 사랑하는 마음, 여호와의 지성소에 오래도록 머물고 싶은 마음이 불같이 일어나기를 바랍니다. 그리고 그 기도를 마쳤을 때, 위대한 새로운 삶이 시작되기를 축원합니다.

7

선지자의 불평

요나 4:1-4

4:1 요나가 심히 싫어하고 노하여

2 여호와께 기도하여 가로되 "여호와여, 내가 고국에 있을 때에
이러하겠다고 말씀하지 아니하였나이까? 그러므로 내가 빨리 다시스로
도망하였사오니 주께서는 은혜로우시며 자비로우시며 노하기를
더디 하시며 인애가 크시사 뜻을 돌이켜 재앙을 내리지 아니하시는
하나님이신 줄을 내가 알았음이니이다.

3 여호와여, 원컨대 이제 내 생명을 취하소서. 사는 것보다 죽는 것이 내게
나음이니이다."

4 여호와께서 이르시되 "너의 성냄이 어찌 합당하냐?" 하시니라.

4:1-4

아이들은 엄마를 자기의 전유물로 여겨서 '엄마는 나만 사랑해야 하고 나만 돌봐 주어야 한다'고 생각합니다. 그래서 엄마가 다른 아이를 업고 있으면 그 아이를 기어이 끌어내리고 자기가 엄마 등에 업혀야 직성이 풀립니다. 하물며 엄마가 다른 아이에게 젖을 물리고 있는 모습이라도 보게 된다면 아이는 견딜 수 없는 분노를 느낄 것입니다.

어른이 보기에는 우습기만 한 이 모습은 하나님 앞에서 바로 우리 자신의 모습이기도 합니다. 우리는 하나님이 나와 우리 가족과 우리 교회만 사랑하시고 축복하셔야 할 것처럼 생각합니다. 그래서 나에게 주시지 않은 축복을 다른 사람들에게 주실 때 별로 좋아하지 않습니다. 또 우리 가족은 구원받지 못했는데 다른 가족에게 구원의 역사가 일어날 때 불편한 감정을 느끼기도 합니다.

요나는 하나님의 두 번째 명령으로 니느웨에 가서 심판의 말씀을 전했습니다. 이 말씀을 외치는 동안 요나는 완전히 하나님의 손에 붙들려 있었습니다. 그는 성령의 능력으로 니느웨의 멸망을 담대히 외쳤습니다. 적어도 말씀을 외치는 동안 요나는 순수했습니다. 그러나 그의 본심은 니느웨의 회개에 있지 않았습니다. 그는 니느웨 사람들이 자기의 설교를 듣고 나서도 계속 죄를 짓다가 망해 버리기를 바랐습니다. 그러나 결과는 그의 바람과 정반대로 나타났습니다. 왕이나 백성 할 것 없이 모든 니느웨 사람들이 하나님 앞에 무릎을 꿇고 애통해하기 시작한 것입니다.

요나는 니느웨 사람들이 이처럼 쉽게 회개하면 안 된다고 생각했습니다. 이 못되고 잔인한 사람들이 이처럼 쉽게 용서받으면 안 된다고 생각했습니다. 이런 부흥의 역사는 이스라엘에서 일어났어야 했습니다. 그러나 정작 이스라엘에서는 이런 역사가 나타난 지가 너무나 오래되었습니다. 이스라엘 백성들은 이보다 수십 배 위대한 말씀을 듣고서도 눈물 한 방울 흘리지 않았습니다. 그런데 니느웨의 무지막지한 죄인들은 한 번의 설교에 눈물을 뚝뚝 흘리면서 회개했습니다. 이것이 요나의 마음에 분노를 일으켰습니다.

요나는 하나님께 대들었습니다. "하나님 제가 이곳에 오기 전에 우려했던 상황이 바로 이것입니다! 이런 악독한 인간들이 이렇게 쉽게 회개하고 용서받아도 되는 겁니까? 이런 자들은 자기 죗값을 치러야 합니다. 이런 회개의 역사는 이스라엘에서 일어나야 하지 않습니까? 설사 이방인들에게 은혜를 주시더라도 이스라엘에 먼저 주신 다음에 남은 찌꺼기를 주셔야 하는 것 아닙니까?" 그는 니느웨에 일어난 부흥의 역사를 기쁨으로 받아들일 수 없었습니다. 그래서 하나님께 불평하고 항의했습니다.

요나의 우려

요나는 니느웨에 오기 전, 혹시라도 니느웨 사람들이 자기 말을 듣고 회개하지는 않을까 우려했습니다. "요나가 심히 싫어하고 노하여 여호와께 기도하여 가로되 '여호와여 내가 고국에 있을 때에 이러하겠다고 말씀하지 아니하였나이까? 그러므로 내가 빨리 다시스로 도망하였사오니"(4:1-2상). 요나는 니느웨 사람들이 망하기를 바랐습니다. 그래서 다시스로 도망쳐 버렸습니다. 결국 니느웨 성에 가서 위대한 설교를 하긴 했지만, 그때도 본심으로는 그들이 구원받지 못하고 망하기를 바랐습니다.

우리는 하나님의 선지자가 어떻게 이처럼 사람들의 멸망을 바라는 마음으로 설교할 수 있을까 의아한 생각이 듭니다. 그러나 솔직하게 들여다보면 이것은 바로 우리 자신의 심정이기도 합니다. 요나는 인과응보적인 사고를 가지고 있었습니다. 그래서 큰 죄를 지은 자들은 너무 쉽게 회개하면 안 된다, 자기 죄에 대해 응분의 대가를 치러야 한다고 생각했습니다. 우리도 그렇습니다. 입으로 표현하지 않아서 그렇지, 사실은 무서운 죄를 지은 사람들이 쉽게 회개하기보다는 계속 악하게 있다가 멸망하기를 바랄 때가 더 많습니다. 우리는 악한 사람들이 너무 쉽게 회개할 때 '아, 이건 불공평하다. 저런 사람들은 좀 톡톡히 대가를 지불한 후에 용서를 받아도 받아야 한다'는 생각을 하기 쉽습니다. 특히 어떤 사람에게 자신이 직접 상처를 받았을 때, 우리는 그 사람이 망하기를 바랄 뿐 아니라 때로는 그 사람의 가족까지 망해 버리기를 은근히 바라기도 합니다. 그런데 그 사람이 망하기는커녕 더 잘되고 있다는 소식을 들을 때 속이 편치 않습니다.

물론 요나가 이런 악한 마음으로 하나님의 말씀을 외쳤던 것은 아닙니다. 그의 본심이 이러했음에도 불구하고 하나님은 그를 강권적으로 붙들어 사용하셨습니다. 요나의 본심은 니느웨 사람들이 회개하지 않는 것이었고, 설사 회개하더라도 위선적으로 회개하는 것이었습니다. 그래서 결국 용서받지 못하고 망해 버리는 것이 요나가 바라던 바였습니다. 그럼에도 불구하고 하나님은 강권적으로 요나의 마음속에 있는 악한 본성을 누르시고 하나님의 뜻을 이루셨습니다.

이것을 보면 어떤 사람이 아무리 위대한 하나님의 일을 했다 하더라도 그것은 그 사람 스스로 한 일이 아님을 알 수 있습니다. 하나님의 손에 붙들려 크게 사용된 사람도 그 마음 깊은 곳에는 자기 이익을 챙기는 이기적인 본성과 악한 마음이 자리잡고 있습니다. 아마도 니느웨 성 사람들은 요나에게 굉장히 감사했을 것입니다. "당신이 여기까지 와서 이 놀라운 말씀을 전해 주지 않았다면 우리는 소돔과 고모라처럼 멸망했을 것입니다. 요나 선생님, 정말 고맙습니다." 아마 갈라디아 사람들이 눈이라도 빼서 바울에게 주려 했던 것처럼, 니느웨 사람들도 어떤 식으로든 요나에게 깊은 감사를 표현하고 싶었을 것입니다. 그러나 요나는 사실 니느웨가 망하기를 바랐습니다. 그래서 하나님께 붙들려 설교를 하기는 했지만, 막상 그들이 회개하고 하나님이 그들을 용서하시는 모습을 보자 원래의 이기적인 마음이 다시 살아났습니다.

100퍼센트 순수하게 영혼을 사랑하는 마음으로 주의 일을 하는 사람은 아무도 없습니다. 사람들에게 대접받고 싶은 생각이나 인정받고 싶은 생각, 사례 받고 싶은 생각, 심지어는 남을 미워하는 생각이나 요나처럼 다른 사람들이 잘못되기를 바라는 생각을 마음속 깊이 지닌 채로 사용되는 것입니다. 그런데 어떻게 그런 사람들을 통해 놀라운 역사들이 일어날 수 있습니까? 하나님이 그 악한 본성을 누르시고 하나님의 뜻대로 강권적으로 사용하시기 때문입니다. 그래서 우리는 위대한 부흥의 역사가 일어날 때, 마치 사람이 그런 일을 일으킨 것처럼 사람을 칭찬하고 사람에게 영광을 돌리며 사람을 높이는 실수를 저지르면 안 됩니다. 또 그 일을 한 본인도 마치 자신의 힘으로 그런 역사를 일으킨 양 자랑하면 안 됩니다. 정말 그가 정직한 종이라면 이렇게 기도할 것입니다. "하나님, 부끄럽습니다. 비록 짧은 시간이지만 저는 하나님과 다른 생각을 가지고 있었습니다. 하나님은 한 영혼 한 영혼이 은혜 받고 죄에서 놓여나 아름답고 능력 있는 모습을 되찾기를 원하셨지만, 제 속에는 그와는 다른 이기적인 마음과 더럽고 추한 욕심이 있었습니다. 표현은 하지 않았지만 제 마음 깊은 곳에는 그런 악한 것들이 들어 있었습니다. 그런데 하나님은 이 한 영혼 한 영혼을 너무나 귀하게 생각하셔서 이런 큰 역사를 일으키셨습니다. 저를 용서해 주십시오!" 그는 너무 부끄러워서 사람들이 자기에게 영광을 돌려도 그 영광을 받지 못할 것입니다. 사람들이 감사를 표할수록 오히려 죄책감을 느낄 것입니다.

하나님이 우리에게 투시의 은사를 주시지 않은 것이 얼마나 감사한지 모릅니다. 서로의 속을 모르는 게 얼마나 감사한지 몰라요. 그래서 억지로 다른 사람 속을 들여다보려고 애쓸 필요가 없습니다. 왜 비싼 밥 먹고 그런 쓸데없는 짓을 합니까? 들여다보면 다 악한 마음을 가지고 있습니다. 가장 위대한 하나님의 종도 그 속을 들여다보면 다 어느 정도의 욕망과 이기심을 가지고 있습니다. 다 요나 같아요. 하나님은 한 영혼 한 영혼을 우선적으로 생각하시지만 이른바 하나님의 종이라는 사람들은 자기 자신의 형편과 처지를 먼저 생각할 때가 많습니다. 그러니까 아무리 위대한 일을 이루었다 해도 사람에게 돌아갈 영광은 한 방울도 있을 수 없습니다. 전부 하나님이 이루신 것입니다. 깊은 내막을 안다면 누구라도 "인간의 이런 부족함에도 불구하고 하나님이 긍휼을 베푸셨구나!"라는 말밖에 할 수 없을 것입니다.

우리는 요나를 비난할 수 없습니다. 그래도 요나니까 자기 본심을 이렇게 드러낸 것입니다. 다른 사람 같았으면 절대 이런 말 하지 않습니다. 속으로는 '어디 잘되는가 두고 보자' 하면서도 겉으로는 끝까지 "난 순수했다. 난 정말 니느웨 사람들이 잘되기를 바랐다"고 하지요. 그러나 요나는 자기 속에 있는 분노를 그대로 표현했습니다. "하나님, 전 사실 이들이 망하기를 바랐습니다. 그래서 지금 하나님께 화가 납니다"라고 정직하게 토로했습니다.

이럴 때 우리가 기억해야 할 말은 '그럼에도 불구하고'입니다. 우리에게는 순간순간 기가 막힌 생각들이 수없이 떠오릅니다. 우리 자신이 생각해도 기가 막힐 정도로 사악한 생각들, 남이 알까봐 무서울 정도로 위험한 생각들이 마구 떠오릅니다. 구정물 통을 휘저으면 콩나물 대가리, 깍두기 찌꺼기 마구 올라오듯 이것저것 마구 올라와요. '그럼에도 불구하고' 하나님은 우리의 이 악한 본성을 누르시고, 아무도 눈치채지 못하게 하시고, 마치 하나님의 뜻을 순수하게 행한 양 온전한 역사를 일으키시는 것입니다.

그렇다고 해서 하나님께 사용된 사람들을 고맙게 생각하지 말고 무시하라는 뜻은 아닙니다. "요나, 너 알고 보니까 나쁜 놈이구나" 하면서 손가락질하라는 뜻이 아니에요. 그의 본심이 어떻든 간에 이렇게 사용된 것이 얼마나 고맙습니까? 그가 하나님께 순종해서 니느웨로 온 것이 얼마나 고맙습니까? 니느웨 사람들은 요나를 감사하게 생각해야 합니다. 그에게 영광을 돌리면 안 되지만, 그가 이렇게 사용된 데에는 감사하는 마음을 가져야 합니다. 위대한 종이 따로 있는 것이 아닙니다. 우리는 모두 똑같은 형제들이고 똑같이 속에 악한 마음을 가지고 있는 사람들입니다. '그럼에도 불구하고' 하나님이 사용하셔서 순수한 결과가 나타나게 하셨을 때, 우리는 주님을 더욱 찬양하고 신뢰하며 감사하지 않을 수 없습니다.

요나가 이런 악한 마음을 가지고 있었고 그처럼 고집을 부렸는데도 불구하고 그를 최고의 선한 도구로 사용하신 것을 보면 하나님이 얼마나 능력 있고 은혜로우신 분인지 모릅니다. 가고 싶어하는 사람을 보내는 것도 대단한 일이지만 가지 않겠다고 뻗대는 사람을 설득하여 보내는 것은 정말 위대한 일입니다. 착하게 살려고 하는 사람을 착하게 살게 하는 것도 대단한 일이지만, 착하게 살려는 생각이 전혀 없는 사람을 변화시켜서 착하게 살게 할 뿐 아니라 많은 사람들에게 선한 영향을 끼치게 하는 것은 정말 위대한 일입니다.

자기 속에서 악한 본성이 솟구칠 때 너무 놀라지 마십시오. 사람들 중에는 가끔씩 표출되는 자기의 악한 모습에 충격을 받은 나머지 며칠씩 침체되는 이들이 있습니다. 그러나 그것이 어디 한두번 있는 일입니까? 우리는 본래 그런 사람들입니다.

오래 전에 중등부의 한 여자 선생님이 펑펑 울고 있길래 왜 우느냐고 물었더니, 아기를 젖먹이다가 갑자기 막 때려 주고 싶은 생각이 들더라는 것입니다. 그래서 자기한테 그런 험한 생각이 들었다는 데 너무 놀라서 운다는 거예요. 물론 그것은 문제가 있는 생각이지만, 그렇다고 해서 그렇게까지 놀랄 필요는 없습니다. 중요한 것은 그 다음입니다. '그럼에도 불구하고' 하나님 앞에 나아가면 하나님이 이처럼 악한 나를 통해서 위대한 역사를 이루신다는 사실이 중요한 것입니다.

교회에서 친한 사람이 도저히 이해할 수 없는 말을 했을 때, 충격 받고 집에 가서 울고불고하지 마십시오. 그것은 우리 참모습의 일부분에 불과합니다. 그런 것에 일일이 놀라면 이 험한 세상을 어떻게 살아가겠습니까? 그냥 '아, 이것도 저 사람의 일부분이구나. 다행이네. 성령께서 그동안 억제해 주셔서 이번 한 번만 신경질 낸 게 얼마나 다행이야? 그럼에도 불구하고 하나님은 저 사람을 선하게 사용하실 거야'라고 생각해야 합니다. 또 잘못한 본인 자신도 자기가 그런 실망스러운 짓을 했다는 데 충격을 받아서 머리털 쥐어뜯으면서 침체되어 있을 필요가 없습니다. 그것이 정상적인 자기 모습이에요. 하나님이 그동안 누르고 계셨는데, 그 일부가 손가락 사이를 비집고 나온 것일 뿐입니다. "그럼에도 불구하고 우리 교회가 이렇게 은혜스러우니 정말 감사하구나! 하나님, 우리에게 다 맡기지 않으시고 우리의 본성을 누르셔서 아름다운 열매만 보게 하시는 것 정말 감사합니다"하면서 더 하나님을 사랑하고 더 서로를 신뢰해 주는 것이 바른 태도입니다.

요나가 고백한 하나님의 모습

요나는 하나님을 어떤 분으로 알고 있었습니까? "주께서는 은혜로우시며 자비로우시며 노하기를 더디 하시며 인애가 크시사 뜻을 돌이켜 재앙을 내리지 아니하시는 하나님이신 줄을 내가 알았음이니이다"(4:2하). 이것은 아주 유명한 말씀입니다. 이스라엘 백성들이 죄를 짓고 회개할 때마다 하나님은 이런 모습으로 자신을 표현하셨습니다.

하나님은 어떤 분이십니까? 죄인을 절대 용납하지 않는 분이십니다. 이스라엘 백성들이 경험한 바가 바로 그것입니다. 하나님은 아무리 택한 백성이고 하나님의 종이라 하더라도 죄를 지은 사람은 절대로 용납하지 않으십니다. 끝까지 찾아가서 그 죄를 폭로하시고 그에 상응하는 책임을 지게 하십니다. 이것이 하나님의 진노입니다.

그런데 하나님께는 또 다른 면이 있습니다. 그것은 아무리 추악한 죄를 지었고 멸망당해 마땅한 사람이라 하더라도 회개하며 나아오면 무조건 용서해 주시는 "은혜로우시며 자비로우시며 노하기를 더디 하시며 인애가 크시사 뜻을 돌이켜 재앙을 내리지 아니하시는 하나님"의 모습입니다. 아무리 용서받을 수 없는 죄를 지었다 하더라도, 아무리 절망적인 상황에 빠져 있다 하더라도 자기 죄를 미워하며 하나님께 나아오는 사람은 반드시 용서해 주십니다. 그래서 하나님께 회개할 마음이 든 사람은 이미 살아난 것이나 다름없습니다. 그런 생각이 들었다는 것 자체가 하나님이 그를 살리기로 작정하셨음을 보여 주는 증표이기 때문입니다. 멸망할 사람에게는 그런 생각 자체가 들지 않습니다. 오히려 '내가 끝까지 내 죄에 책임을 지겠다'고 고집을 부리지요. 그러나 우리가 어떻게 우리가 저지른 짓에 책임을 질 수 있겠습니까? 내 말 한마디가 누군가를 몇 달 동안 눈물로 지내게 했다면, 누군가의 명예에 심각한 손상을 입히고 인격에 상처를 주었다면, 그래서 깊은 우울증에 빠지게 만들었다면 그것을 어떻게 내 힘으로 수습할 수 있겠습니까? 그럼에도 불구하고 책임질 수 없는 것을 책임지겠다고 하면서 끝까지 버티는 것이 어리석은 사람들의 특징입니다.

멸망과 구원은 절박한 상황에서 이 중 어느 쪽의 생각에 지배당하느냐에 달려 있습니다. 멸망당하는 사람이나 구원받는 사람이나 다 똑같은 죄인입니다. 그러나 구원받는 사람은 자기가 자기 죄를 책임질 수 없다는 사실을 빨리 깨닫습니다. '나는 내가 저지른 일을 책임질 수 없다. 내가 다른 사람에게 준 상처를 책임질 수 없다. 내가 할 수 있는 일은 오직 두 손 들고 하나님께 나아가는 것뿐이다'라는 것을 깨닫습니다. 그럴 때 하나님은 그를 용서하기를 주저하지 않으십니다. 그리고 그가 저지른 일들을 친히 책임져 주십니다.

반면에 멸망당하는 사람은 자꾸 자기 잘못을 생각합니다. '이것도 잘못했고 저것도 잘못했는데, 요것도 실수했고 조것도 실수했는데'라고 생각합니다. 물론 그 말은 맞습니다. 그러나 문제는 그의 생각이 거기에서만 그친다는 것입니다. 그에게는 하나님께 용서를 빌고 싶은 생각이 들지 않습니다. 구원받는 사람도 자기 잘못을 생각하지만, 그럼에도 불구하고 하나님께 나아가면 용서받을 수 있다는 생각을 합니다. 그러나 멸망당하는 사람에게는 그 생각이 들지 않습니다. 하나님 앞에 가장 나쁜 것이 이 자존심입니다. 하나님 앞에서 자존심을 내세우는 것보다 더 절망적으로 해로운 일이 없습니다.

그렇다면 요나는 이처럼 하나님이 은혜로우시고 자비로우시며 노하기를 더디 하시는 분이라는 것을 알았으면서, 왜 그것을 니느웨 사람들에게는 적용하려 하지 않았을까요? 마치 어린아이들이 '엄마는 나만 사랑해야 한다, 나만 업어줘야 한다'고 생각하는 것처럼, 하나님은 이스라엘만 사랑하셔야 하고 용서해 주셔야 한다고 생각했기 때문입니다.

지금까지 하나님은 이스라엘 백성들을 특별하게 대우해 오셨습니다. 즉 이방인들과 달리 특별히 사랑해 주셨습니다. 왜 그렇게 하셨습니까? 죄를 짓더라도 두려움 없이 그 앞에 나아오게 하시기 위해서였습니다. 그렇게 하지 않으면 도저히 하나님께 나아올 생각을 못하니까 특별히 용납해 주신 것입니다. 할아버지들이 왜 손자들의 어리광을 다 받아 줍니까? 그렇게 하지 않고 엄하게 대하면 주눅이 들어서 할아버지한테 오려 들지 않기 때문입니다. 아버지는 막 야단을 치고 머리를 쥐어박아도 조금 지나면 다시 매달립니다. 그러나 할아버지가 한번 야단을 치고 머리를 쥐어박으면 다음부터는 절대로 할아버지한테 가려 들지 않습니다. "할아버지 무쩌워" 하면서 절대 안 가요. 그러니까 할아버지는 무조건 자비를 베풉니다.

하나님은 아들이 아버지에게 스스럼없이 나아가듯 우리가 하나님께 나아가기를 원하십니다. 아무리 야단치고 쥐어박아도 한바탕 울고 나서 또 매달리고 달려들기를 원하십니다. 그러나 우리는 양자입니다. 하나님이 한번 세게 야단치시면 완전히 등을 돌려 버려요. 진짜 나쁜 아이는 엄마가 "나가!"라고 했다고 해서 진짜 짐 싸가지고 나가는 아이입니다. 요즘은 초등학생들도 엄마가 나가라고 하면 조그만 배낭 짊어지고 계단에 나와 앉아 있습니다. 무서운 세상이에요. 하나님은 이스라엘 백성이 죄를 지었을 때에도 담대하게 하나님 앞에 나아와 회개하기를 원하셨습니다. 그런데 조금만 큰소리를 쳐도 나가 버리니까, 어떤 경우에든 두려워하거나 주저하지 않고 나아오게 하시려고 은혜와 자비를 베푸셨습니다. 그러나 문제가 무엇입니까? 언제든지 하나님께 나아가도 된다는 것을 안 다음부터 하나님께 나아가는 일을 제일 나중으로 밀어내 버린 것입니다. 하나님도 참 힘들어요. 조금만 뭐라 하면 나가 버리고, 조금만 잘해 주면 막 까붑니다.

하나님이 참으로 우리에게 바라시는 바가 무엇입니까? 실수했을 때, 불순종했을 때 더 담대하게 나아오라는 것입니다. "아버지, 그렇다고 절 버리실 겁니까? 그래도 용서해 주셔야지요! 그래야 아버지 아닙니까?" 하면서 나아오라는 것입니다. 그래서 자비와 은혜를 베푸시는 것입니다. 우리는 하나님의 사랑을 선뜻 믿지 못합니다. 그래서 하나님이 우리를 사랑하신다고 하면 "한 50번만 더 얘기해 주세요. 그래야 믿어질 것 같아요" 합니다. 그리고 하나님이 사랑을 보여 주시고 또 보여 주시면 조금 믿는 듯하다가, 차바퀴가 구멍난다든지 어디 종기가 난다든지 하면 또 그 사랑을 의심하기 시작합니다. 우리의 믿음이라는 것이 얼마나 보잘것없는지 모릅니다.

애를 키워 보면 어떻습니까? 한 대 쥐어박아도 부모한테 매달리고 달려드는 편이 좋지 않습니까? 한 대 쥐어박았다고 이틀 나가 버리고, 두 대 쥐어 박았다고 일주일 나가 버리면 '저건 자식도 아니다'라는 생각이 들지 않습니까? 하나님의 백성들도 담대해야 합니다. 침체될 때 더 담대하고, 실패했을 때 더 담대하고, 부족할 때 더 담대하게 하나님께 나아가야 합니다. 그러라고 우리에게 자비와 사랑을 베푸시는 것입니다.

그런데 이상한 것이 사람은 누가 잘해 주면 그 사람을 제일 끝자리로 밀어내는 성향이 있습니다. 언제든지 만날 수 있으니까 급할 것 없다는 식입니다. 이스라엘 백성들도 그랬습니다. 세상 일다 한 후에 하나님을 찾아도 늦지 않는다고 생각했습니다. 그들은 이처럼 자기들도 구원의 문에 들어가지 않으면서 남들도 들어가지 못하도록 방해했습니다. 왜냐하면 하나님의 사랑을 한정적으로 생각했기 때문입니다. 즉 하나님이 이방인들을 사랑하시면 자신들을 사랑하실 분량이 남지 않는 것처럼 생각했던 것입니다.

세상을 살다 보면 모든 것이 한정되어 있다는 사실을 알게 됩니다. 먹는 것도 한정되어 있고 시간도 한정되어 있고 물건도 한정되어 있습니다. 이 모든 것이 무한히 있다면 아무리 남들이 가져가도 빼앗긴다는 생각이 들지 않을 것입니다. 남들이 다 가져가도 넉넉히 남아 있는데 걱정할 필요가 뭐가 있고 서두를 필요가 뭐가 있겠습니까? 그런데 세상에서는 모든 것이 모자라니까 어떻게 해서든지 남보다 먼저 차지하려고 혈안이 되는 것입니다.

우리는 하나님의 은혜와 축복도 이런 식으로 생각해서, 하나님이 다른 사람들에게 은혜와 축복 주시는 것을 싫어하고 시기합니다. 에서의 경우를 보십시오. 그는 야곱이 이삭에게 축복을 받은 후, 울면서 아버지에게 떼를 썼습니다. "아버지, 혹시 남겨 놓은 축복 없나요? 혹시 야곱에게 주지 않고 숨겨 둔 거 없나요?" 그리고 이삭이 아무것도 없다고 하자 자기 축복을 전부 빼앗아 간 야곱을 죽이기로 작정했습니다. 그러나 야곱은 하나님의 주권적인 우선순위에 따라 축복을 받은 것입니다. 에서는 야곱을 제사장으로 삼아 그의 종이 되어서 축복을 받으면 됩니다. 그가 기꺼이 동생의 종이 되었다면 그토록 원했던 하나님의 축복을 자신도 받아 누렸을 것입니다. 그러나 그는 교만 때문에 야곱을 제사장으로 삼기를 거부하고 그를 죽이려 했습니다.

하나님의 은혜는 무한합니다. 그리고 아무도 독점할 수 없습니다. 따라서 다른 사람에게 축복이 임한다고 해서 나에게 올 축복이 줄어드는 게 아닙니다. 나에게 올 축복은 따로 있습니다. 요나는 니느웨에 축복이 임하면 이스라엘의 몫이 없어지는 것처럼 생각했습니다. 그러나 니느웨에 은혜를 베푸셨다고 해서 이스라엘에 돌아갈 은혜가 축나는 것이 아닙니다. 하나님은 오히려 니느웨 사람들을 축복하신 일이 이스라엘 백성들에게 자극이 되어, 그들이 더 주저하지 않고 하나님 앞에 나아오기를 원하셨습니다.

요나의 분노

요나는 하나님 앞에 엄청난 분노를 터뜨렸습니다. "여호와여, 원컨대 이제 내 생명을 취하소서. 사는 것보다 죽는 것이 내게 나음이니이다"(4:3).

사람이 죽는다는 말을 함부로 하면 안 됩니다. 더구나 선지자가 하나님 앞에서 "저는 살기 싫습니다. 저를 죽여 주십시오"라고 말하는 것은 굉장히 망령된 짓입니다. 우리는 능력의 종 엘리야도 로뎀 나무 아래서 이와 비슷한 말을 했던 것을 알고 있습니다. 그렇게 위대한 선지자도 이세벨이 자신을 죽이려고 찾는다는 말을 들었을 때 자기를 죽여 달라고 하나님께 항의하며 분노를 터뜨렸습니다. 아무리 위대한 믿음의 사람이라 해도 그런 행동은 절대 본받으면 안 됩니다. 전에 어떤 청년이 성 어거스틴이 타락했다가 위대한 성인이 되었으니, 자기도 한번 타락해 보아야 잘 믿을 것 같다고 말하는 것을 들은 적이 있습니다. 그러나 그런 것은 적용하면 안 됩니다. 그렇게 타락했던 어거스틴을 변화시키신 주님이 놀라운 것이지, 어거스틴 자신이 위대한 것입니까?

엘리야가 그토록 침체되었던 원인은 무엇입니까? 그는 성령의 능력으로 하늘에서 불이 내리게 만들었고, 바알 제사장 450명을 죽였으며, 3년 반 동안 내리지 않던 비를 쏟아지게 했습니다. 그는 우리와 성정이 똑같은 사람이었습니다. 그런데 성령께서 그를 붙잡아 불 같은 종으로 사용하셨습니다. 그리고 나서 그는 정상적인 자기의 모습으로 돌아왔습니다. 그러자 그 승리가 컸던 만큼 자신의 연약함과 비참함이 강하게 느껴지면서 절망감과 두려움이 엄습했습니다.

요나도 마찬가지였습니다. 그는 니느웨 성에서 성령에 붙들려 불 같은 설교를 퍼부었습니다. 사람이 아니라 사자 한 마리가 울부짖으며 니느웨 성을 뛰어다니는 것 같았습니다. 사람들은 요나가 어느 누구도 항거할 수 없는 하나님의 권위로 설교하는 것을 보았습니다. 그런데 그 엄청난 설교가 끝나고 위대한 회개 역사가 일어난 후, 요나는 자기의 정상적인 모습으로 돌아오게 되었습니다. 그는 계산하기 시작했습니다. '내가 도대체 무슨 짓을 한 거지? 이 악한 자들은 전부 망해 버려야 하는데 내가 왜 이자들을 살려 놓은 거야? 이제 이자들이 다시 힘을 모아 이스라엘을 침략하면 그 후환을 어떻게 감당하지?' 이를테면 자기 집에 살인자가 쓰러져 있는 것을 보고 정신없이 주물러 주고 물을 먹여서 의식을 회복시켰는데, 그리고 나서 문득 '내가 무슨 짓을 한 거야? 내가 왜 이 흉악한 놈을 살려 놓은 거지? 이제 이 상황을 어떻게 수습해야 하나?' 하는 생각이 들면서 두려움과 공포에 휩싸이는 것과 같은 상황입니다. 요나는 하나님께서 왜 이스라엘 백성들의 마음은 바꾸지 않으시고 이 악한 자들은 이처럼 회개시키셨는가 하는 분노로 죽고 싶었습니다.

그때 하나님이 하신 말씀이 무엇입니까? "여호와께서 이르시되 '너의 성냄이 어찌 합당하냐?' 하시니라"(4:4). 하나님은 요나가 이렇게 생각하는 것이 합당치 않다고 말씀하셨습니다. 하나님의 능력에 붙들려서 그들을 회개시켰으면 그 뒤의 일도 하나님께 맡기라는 것입니다. 왜 또 자기 모습을 보면서 계산하고 추측하고 미래에 대해 염려하느냐는 것입니다.

이스라엘 백성들이 회개하지 않는 것과 니느웨 사람들이 회개한 것은 서로 아무 상관이 없는 일입니다. 이스라엘 백성들이 회개하지 않는 것은 자기들이 회개하기 싫어서 안 하는 것이고 자기들이 교만해서 안 하는 것이지 니느웨 사람들이 이스라엘 몫의 은혜를 빼앗아 가서 안 하는 것이 아닙니다. 물론 사람이 자기 가족이나 자기 민족을 사랑하는 것은 당연한 일입니다. 오히려 애정이 없다면 이상한 일이지요. 그러나 그 애정이 지나친 나머지 그들의 잘못까지 하나님의 탓으로 돌리는 것은 죄입니다.

지금 요나는 지나치게 많은 추측을 하고 있습니다. 그는 니느웨의 부흥을 통해 이스라엘의 멸망까지 내다보고 있습니다. 니느웨의 회개와 이스라엘의 멸망은 별개의 문제인데, 너무 많은 것을 미리 생각하다 보니 가장 기뻐하고 감사해야 할 순간에 분노를 터뜨리게 된 것입니다. 이것은 하나님의 자리에 올라앉는 것과 같은 짓입니다. 하나님이 은혜를 주셨을 때에는 자기 자신을 생각하면 안 됩니다.

능력에 붙들렸을 때는 내 학벌도 잊어 버리고 신체조건도 잊어버리고 어려운 집안 형편도 잊어버립니다. 그런데 그 흥분의 순간이 지나고 나면 내 문제가 여전히 남아 있는 것이 눈에 들어옵니다. 그럴 때 '도대체 이 일이 나에게 무슨 이익이 있는가?' 하는 생각이 들 수 있습니다. 그러나 하나님은 "너 자신의 모습을 보고 화내지 말라"고 말씀하십니다. 자전거 페달을 계속 밟아야 넘어지지 않듯이 주님을 계속 신뢰하고 앞으로 나아가야 넘어지지 않습니다. '이스라엘은 이스라엘이고 니느웨는 니느웨지 왜 몇 단계 너머까지 생각하느냐?'는 거예요. 몇 단계 너머까지 생각하면 벌써 머리에서 김이 나오기 시작합니다. 예수 믿는 사람은 단순해야 합니다. 너무 복잡하게 생각하면 머리에서 김이 납니다.

하나님은 요나가 성을 내는 것이 옳지 못하다고 말씀하십니다. 왜 하나님의 영역까지 침범해서 미리 고민하고 분노하고 절망합니까? 이스라엘에 대해 참으로 절망하고 분노하실 분은 바로 하나님이십니다. '진짜 성을 내야 될 사람은 난데, 왜 네가 내 자리에 앉아서 모든 것을 미리 생각하며 성을 내느냐? 너는 나의 종일 뿐이다'라는 것입니다. 종은 종다워야 합니다. 종이 주인의 자리에 앉아서 너무 많은 것을 생각하고 성을 내면 안 됩니다. 하나의 일이 끝났으면 또 다른 하나님의 뜻을 기다려야 합니다. 그리고 설사 내가 이해할 수 없는 상황이 벌어졌더라도 하나님을 기뻐하며 그에게 영광 돌리기를 주저하면 안 됩니다.

오늘 성경이 우리에게 말씀하는 것은 세 가지입니다. 첫째는 하나님 앞에 100퍼센트 순수한 마음으로 사용되는 사람은 아무도 없다는 것입니다. 그리고 '그럼에도 불구하고' 하나님은 역사를 일으키신다는 것입니다. 사용되는 종들의 마음이 좀 불순하고 이기적이라 해도, 심지어 사악한 마음까지 있다 해도, '그럼에도 불구하고' 하나님은 위대한 부흥의 역사를 일으키신다는 것입니다. 얼마나 감사한 일입니까? 하나님이 이런 분이 아니셨다면 우리는 그분의 축복을 기대하지 못했을 것입니다.

그래서 우리는 자기 자신에게 너무 실망하지 말아야 합니다. 아무리 실망스러워도 이겨 내야 합니다. 하나님은 '그럼에도 불구하고' 우리를 통해 역사하는 분이시기 때문입니다. 우리의 불완전함에도 불구하고 그 부분을 억제하셔서 순수한 능력의 역사를 일으키시는 것을 생각할 때 얼마나 감격스러운지 모릅니다. 그러므로 우리는 우리 자신을 용납할 뿐 아니라 우리의 이웃들을 용납해야 합니다. 너무 불꽃 같은 눈으로 살피면 안 돼요. 남들이 어떤 행동을 하든 '그럴 수도 있다. 그럼에도 불구하고 하나님은 역사하실 것이다'라고 믿으면서 그들의 부족함에도 불구하고 여전히 신뢰하고 사랑할 때, 우리에게 주신 것과 같은 은혜를 그들에게도 주실 것입니다.

둘째는 죄를 지었어도 더 담대히 하나님께 나아가라는 것입니다. 아무리 큰 죄를 지었어도 담대합시다. 뻔뻔스러울 정도로 담대하게 하나님 앞에 나아가 매달립시다. 이것이 하나님이 우리에게 원하시는 것입니다. 하나님 앞에 자존심 내세워서 좋을 일 하나도 없습니다. 실수했을 때, 잘못했을 때, 담대하게 하나님의 품으로 돌진하십시오. 그러면 은혜로우시며 자비로우시며 노하기를 더디 하시며 인애가 크신 하나님이 안아 주시고 위로해 주시고 축복해 주실 것입니다.

셋째는 하나님이 축복하실 때 절대 자기 모습을 보지 말라는 것입니다. 사람은 흥분의 순간이 지나면 인간적인 생각을 하게 되어 있습니다. 그럴 때 한 번 더 주님 앞에 나아가야 합니다. 자기 모습이 생각나고 자기가 미워질 때, 그렇게 능력 있게 사용되었음에도 불구하고, 그렇게 큰 축복의 역사가 일어났음에도 불구하고 막상 자기 상황은 하나도 변한 것이 없을 때, 절대 거기 매몰되어 성을 내면 안 됩니다. 그 모습 그대로 하나님 앞에 고백하며 나아갈 때 하나님의 변함없는 축복이 임할 것입니다.

8

—

하나님의 교훈

요나 4:5-11

4:5 요나가 성에서 나가서 그 성 동편에 앉되 거기서 자기를 위하여 초막을 짓고 그 그늘 아래 앉아서 성읍이 어떻게 되는 것을 보려 하니라.

6 하나님 여호와께서 박 넝쿨을 준비하사 요나 위에 가리우게 하셨으니 이는 그 머리를 위하여 그늘이 지게 하며 그 괴로움을 면케 하려 하심이었더라. 요나가 박 넝쿨을 인하여 심히 기뻐하였더니

7 하나님이 벌레를 준비하사 이튿날 새벽에 그 박 넝쿨을 씹게 하시매 곧 시드니라.

8 해가 뜰 때에 하나님이 뜨거운 동풍을 준비하셨고 해는 요나의 머리에 쬐매 요나가 혼곤하여 스스로 죽기를 구하여 가로되 "사는 것보다 죽는 것이 내게 나으니이다."

9 하나님이 요나에게 이르시되 "네가 이 박 넝쿨로 인하여 성냄이 어찌 합당하냐?" 그가 대답하되 "내가 성내어 죽기까지 할지라도 합당하니이다."

10 여호와께서 가라사대 "네가 수고도 아니하였고 배양도 아니하였고 하룻밤에 났다가 하룻밤에 망한 이 박 넝쿨을 네가 아꼈거든

11 하물며 이 큰 성읍 니느웨에는 좌우를 분변치 못하는 자가 12만여 명이요 육축도 많이 있나니 내가 아끼는 것이 어찌 합당치 아니하냐?"

4:5-11

군사정권이 막을 내린 후에도 광주 사람들은 광주에 큰 고통을 주었던 사람들을 용납할 수 없었습니다. 그래서 그들이 광주를 방문하는 것을 허용하지 않았습니다. 유대인들도 독일인들을 용서할 수 없어서 전범들을 잡아 재판정에 세웠고, 평생에 걸쳐 죄의 대가를 치르도록 종신형을 살게 했습니다. 그들은 성형수술을 하고 도망친 사람들, 이름을 바꾸고 도망친 사람들을 끝까지 쫓아가 잡아냈습니다. 이처럼 우리의 정의감은 악한 자를 그냥 용서하고 넘어가는 것을 용납하지 않습니다.

우리는 직장이나 학교, 또는 교회에서 누군가 나에게 정신적 육체적 고통을 많이 줄 때, 그가 사고라도 당해서 죽지 않나 은근히 바라는 경우가 있습니다. 심지어 그 사람뿐 아니라 그 사람의 가족들까지 죽기를 바라는 경우도 있습니다. 그런데 내가 미워하고 저주한 그 사람이 저주를 받기는커녕 오히려 축복을 받아 잘사는 것처럼 보일 때, 그런 상황을 용납하기가 쉽지 않습니다. 나에게 고통을 준 사람은 악한 사람이므로 당연히 망해야 한다는 복수의 감정이 마음속에 있기 때문입니다.

하나님의 은혜가 임할 때 가장 먼저 나타나는 변화는 생각의 변화입니다. 하나님의 은혜가 임하면 무엇이 선이며 무엇이 죄인지 깨닫게 됩니다. 이러한 깨달음은 변화된 삶을 사는 데 가장 우선되는 요소입니다. 그러나 문제는 이렇게 깨닫고 나서도 깨닫기 전과 동일한 상태에 빠질 때가 너무 많다는 것입니다.

그래서 생각 다음으로 변해야 할 것이 감정입니다. 즉 무엇이 선한 것인지 알 뿐 아니라 그 선한 것을 좋아하고 사모하는 감정, 무엇이 악한 것인지 알 뿐 아니라 그것을 혐오하고 미워하는 감정이 생겨야 한다는 것입니다. 이런 감정의 변화는 변화된 삶을 계속 살아갈 수 있게 만드는 원동력이 됩니다. 깨닫는 것만으로는 충분치 않습니다. 그 깨달음이 감정의 변화로 연결되어야 합니다. 거룩한 모임을 사모하고 기도와 봉사를 좋아하며, 남 험담하고 나쁜 짓 하는 것을 미워하는 마음으로 연결되어야 합니다.

그러나 이러한 감정의 변화는 너무 빨리 끝나 버릴 수 있다는 것이 문제입니다. 생각의 변화, 감정의 변화보다 더 중요한 것은 다른 이들을 보는 눈 자체가 달라지는 것입니다. 처음에는 내 문제가 너무 크고 심각한 나머지 다른 사람들이 눈에 들어오지 않습니다. 그런데 은혜를 받으면 다른 사람들도 나와 똑같이 소중한 인격을 가지고 있고 행복할 권리가 있는 존재임을 알게 됩니다. 그렇게 다른 사람을 보는 눈이 바뀔 때, 비로소 죄를 짓지 않을 능력이 생기고 하나님의 뜻을 온전하게 실천할 수 있는 힘이 생깁니다.

이처럼 우리의 변화는 생각의 변화, 감정의 변화를 거쳐 관계의 변화로까지 나아가야 합니다. 아무리 나와 다른 사람도 나와 똑같이 소중한 존재라는 것, 나의 명예가 소중하듯이 그의 명예도 소중하고 나의 감정이 소중하듯이 그의 감정도 소중하며 나의 행복이 소중하듯이 그의 행복도 소중하다는 것을 인정하게 될 때, 비로소 우리의 은혜는 온전한 열매로 나타날 수 있습니다.

니느웨 사람들은 이스라엘을 비롯한 주변 여러 민족들에게 못할 짓을 많이 했습니다. 다른 민족을 침략해서 목을 잘라 죽이는 것은 예사였고, 심지어 껍질을 벗겨서 죽이기까지 했습니다. 요나는 이렇게 악한 자들이 자기 설교를 듣고 회개한 것이 기쁘지 않았습니다. 이렇게 악한 자들은 너무 쉽게 용서받아서는 안 된다는 것이 그의 생각이었습니다. 그들은 오래오래 고통을 받으면서 비참하게 죽어야 할 사람들이었습니다. 이것은 요나의 마음속에 있는 정의감의 요구였습니다. 그는 니느웨 사람들의 회개가 위선적인 것이기를 바랐습니다. 다급해서 회개하는 척하기는 했지만 실제로는 회개하지 않고 있다가 자기의 설교대로 40일 후에 멸망하게 되기를 바랐습니다. 그래서 그들이 정말 망하는지 망하지 않는지 지켜보기 위해 성 동쪽에 자리를 만들었습니다.

그때 하나님은 아주 작은 사건을 통해, 요나만 알아차릴 수 있는 아주 작은 사건을 통해 요나의 정의감이 얼마나 이기적인 것인지, 아무리 악한 짓을 하고 타락했으며 인생 밑바닥까지 내려간 사람이라 하더라도 그의 생명이 얼마나 소중한 것인지 깨우쳐 주셨습니다.

요나의 정의감

요나는 하나님의 말씀을 외친 후, 니느웨 성의 장래가 과연 어떻게 되는지 지켜보기 위해 성 동편에 자리를 하나 만들었습니다. 왜 그렇게 했습니까? 한편으로는 회개를 촉구하는 설교를 했지만, 다른 한편으로는 '이렇게 악한 짓을 많이 한 사람들은 너무 쉽게 용서받아서는 안 된다'는 정의감을 가지고 있었기 때문입니다. "요나가 성에서 나가서 그 성 동편에 앉되 거기서 자기를 위하여 초막을 짓고 그 그늘 아래 앉아서 성읍이 어떻게 되는 것을 보려 하니라"(4:5).

원래 선지자는 설교를 할 때 이미 그 설교의 결과를 감지할 수 있습니다. 설교자는 설교를 끝내고 나서 몇 달이 지난 후에 사람들이 찾아와서 "그 말씀대로 살았더니 이런 축복이 왔습니다" 하고 보고를 해야 비로소 결과를 확인하는 사람들이 아닙니다. 설교할 때 이미 '오늘 하나님이 역사하시는구나. 조만간 무슨 일이 벌어지겠구나' 하는 것을 감지합니다.

요나는 니느웨에서 시시한 설교를 하고 싶었습니다. 능력 있는 설교를 해서 그들을 회개시키고 싶지 않았습니다. 그런데 놀랍게도 설교를 시작하자 자신이 미처 예상치 못했던 능력과 권세가 임하면서 말씀에 불이 붙었습니다. 그래서 사람들이 그 말씀에 굴복하기 시작하더니, 왕으로부터 시작해서 평민에 이르기까지 온 성이 회개하는 역사가 일어났습니다. 그때 요나는 '다 끝났구나. 하나님이 이들을 용서하셨구나' 하는 것을 느꼈습니다. 하나님이 용서하기로 작정하지 않으셨다면 자기의 설교에 이처럼 권세가 임하지 않는다는 것을 그는 알았습니다. 설교 듣는 사람 중 반은 졸고 반은 잡담하다가 끝나 버린다는 것을 알았어요. 그런데 자신의 바람과 상관없이 성령이 자신을 주도해서 사자처럼 부르짖게 하시는 것을 보고, 그는 이미 모든 일이 끝났다는 것을 감지했습니다. 그럼에도 불구하고 그는 그것을 인정하고 싶지 않았습니다. 여전히 그들이 회개하는 척하다가 망하기를 바랐습니다. 그래서 성 밖에 나가 초막을 짓고 40일을 기다리며 지켜보기로 작정했습니다.

우리는 눈에 보이는 결과물이 나타나야 비로소 믿는 사람들이 아닙니다. 어떤 문제를 놓고 기도하는데 어느 순간부터 기도가 잘 되기 시작하고, '지금 내 기도가 하나님의 뜻에 일치하며 하나님을 기쁘시게 한다'는 확신이 들기 시작하면 아무것도 이루어진 일이 없어도 이미 자기 기도가 응답되었다는 것을 압니다. 병도 그대로 있고, 불편한 인간관계도 그대로 있고, 문제도 여전히 풀리지 않은 채 남아 있어도 게임은 이미 끝났다는 것을 알아요. 절실한 물질적 필요를 위해 기도하던 사람이 은행 통장에 돈 들어온 것을 보고 '0'이 몇 개인지 확인한 후에야 "응답되었다!"고 환호성을 올린다면, 그는 엄청나게 미련한 신자입니다. 기도가 되기 시작할 때 벌써 딱 감을 잡아야지요.

그런데 요나는 그것을 알면서도 '아닐 거야, 이건 위선적인 회개일 거야'라고 애써 생각하려 했습니다. 왜냐하면 감정 처리가 안 되었기 때문입니다. 이렇게 악한 자들이 쉽게 용서받으면 안 된다는 정의감 때문에 감정이 설득되지 않은 것입니다. 그의 설교에 하나님의 능력이 임했을 때 니느웨 성의 운명은 이미 바뀌었습니다. 그러나 요나는 자기 눈으로 직접 확인하기 전까지는 그 사실을 인정할 수 없었습니다.

하나님은 이런 요나를 향해 뭐라고 말씀하셨습니까? "여호와께서 이르시되 '너의 성냄이 어찌 합당하냐?' 하시니라(4:4). 하나님은 이 잔인무도한 사람들이 눈물을 흘리며 회개하는 것을 보고 굉장히 기뻐하셨습니다. 그리고 요나도 하나님과 함께 기뻐하고 찬송하기를 원하셨습니다. 그러나 요나는 성을 냈습니다. 그것은 하나님 보시기에 아름다운 모습이 아니었습니다.

우리는 이와 비슷한 경우를 탕자의 비유에서 찾아볼 수 있습니다. 아버지는 재산을 받아 나갔던 방탕한 아들이 빈털터리가 되어 돌아오자 너무나 기뻐하면서 잔치를 벌였습니다. 그러나 큰아들은 성을 냈습니다. 제멋대로 재산을 가지고 나가 여자들과 어울려 실컷 못된 짓 하다가 돈이 떨어지니까 거지꼴로 돌아온 아들을 이렇게 대접해야 옳으냐는 것입니다. 큰아들의 분노는 정의감에서 나온 것이었습니다. 못된 짓을 한 아들은 벌을 주고 자기처럼 열심히 일한 아들에게 잔치를 베풀어 주는 것이 정의가 아니냐는 것입니다. 그의 정의감은 동생이 돌아온 것을 기뻐하지 못하게 만들었습니다.

그러나 하나님은 요나에게 정의감보다 훨씬 높고 귀한 것이 있음을 가르쳐 주십니다. 그것은 사랑입니다. 아무리 정당한 정의감이라 하더라도, 죄를 뉘우치고 돌아오는 자에 대한 사랑보다 더 높고 귀할 수는 없습니다. 만약 하나님이 정의감만 중요하다고 말씀하셨다면 우리 중에 구원받을 수 있는 사람은 아무도 없을 것입니다. 하나님은 정의감 위에 사랑을 두셨습니다. 그리고 우리가 아무리 다른 사람들에게 피해를 입고 고통을 당했다 하더라도 변함없이 그 사람들이 잘되기를 바라는 마음을 가지기를 원하십니다. 하나님이 우리를 만드신 것은 심판하게 하시기 위해서가 아닙니다. 다른 사람을 사랑하고 축복하게 하시기 위해서입니다.

사람은 누구나 정의감을 가지고 있습니다. 어린아이들도 악한 짓을 하는 사람들에게는 분노를 느낍니다. 이것은 정당한 감정이며 하나님이 나누어 주신 형상의 일부입니다. 악한 사람은 망하는 것이 옳습니다. 그러나 하나님은 성도들에게 정의감의 수준을 뛰어넘는 선물을 주셨습니다. 그것은 용서하는 사랑입니다. 하나님은 아무리 못된 사람이라도 그 사람의 입장이 되어 보기를 원하십니다. 아무리 못된 사람이라도 그 속 깊은 곳에는 용서받고 싶은 마음, 행복하게 살고 싶은 마음이 있습니다. 하나님은 그 마음을 우리도 느껴 보기를 원하십니다. 이러한 사랑을 품으려면 정의감을 뛰어넘어야 합니다. 보통 사람들이 생각하는 수준을 뛰어넘어야 합니다. 그렇지 않으면 절대로 불의한 사람의 회개를 용납할 수가 없습니다.

이 정의감의 실체

요나는 자신의 정의감이 옳다고 생각했습니다. 아무리 하나님이시라도 이렇게 쉽게 니느웨 사람들을 용서하시면 안 된다고 생각했습니다. 지금 성 밖에서 니느웨가 망하기를 기다리고 있는 요나는 마치 정의의 사자처럼 보입니다. 그러나 하나님은 한 작은 사건을 통해 요나가 느끼고 있는 그 위대한 분노나 정의감의 실체가 과연 어떤 것인지 보여 주셨습니다. "하나님 여호와께서 박 넝쿨을 준비하사 요나 위에 가리우게 하셨으니 이는 그 머리를 위하여 그늘이 지게 하며 그 괴로움을 면케 하려 하심이었더라. 요나가 박 넝쿨을 인하여 심히 기뻐하였더니 하나님이 벌레를 준비하사 이틀날 새벽에 그 박 넝쿨을 씹게 하시매 곧 시드니라. 해가 뜰 때에 하나님이 뜨거운 동풍을 준비하셨고 해는 요나의 머리에 쬐매 요나가 혼곤하여 스스로 죽기를 구하여 가로되 '사는 것보다 죽는 것이 내게 나으니이다'"(4:6-8).

하나님은 정의감에 불타서 니느웨 성의 회개를 인정하지 못하는 요나를 위해 세 가지 소도구를 준비하셨습니다. 첫째로 준비하신 것은 박 넝쿨이었습니다. 여기에서 "박 넝쿨"로 번역된 '키카이온'은 우리가 생각하는 박 넝쿨이 아닙니다. 이 단어는 구약성경을 통틀어 요나서 한 곳에만 등장하는 것으로서, 구체적으로 어떤 식물인지 알 수 없습니다. 아마 요나가 만든 초막 위에 그늘을 드리울 수 있으려면 넝쿨이 있는 식물이었으리라는 추측으로 "박 넝쿨"이라고 번역했을 것입니다. 그러나 저는 요나가 만든 것이 초막이었다고 생각지 않습니다. 아마 깔고 앉을 수 있을 정도의 자리였을 것입니다. 그 옆에 그늘이 될 만큼 잎사귀가 넓은 일년생 풀이 생겼던 것 같습니다. 박 넝쿨보다는 오동나무처럼 잎이 넓은 식물이 아니었을까 합니다. 어쨌든 이런 식물이 생긴 것을 보고 요나는 아주 기뻐했습니다. 이 식물이 그에게 꼭 필요한 그늘을 만들어 주었기 때문입니다. 요나는 지금 40일을 견뎌야 합니다. 이 뙤약볕에 40일을 버티기가 얼마나 힘들겠습니까? 그런데 난데없이 식물이 하나 생겨나서 그늘을 만들어 주니 그보다 더 반가운 일이 없었습니다.

그런데 하나님은 또 다른 소도구를 준비하셨습니다. 그것은 벌레였습니다. 벌레는 사정없이 식물의 줄기를 씹어서 말라 죽게 만들었습니다. 하나님은 마지막으로 뜨거운 사막의 동풍을 동원하셨습니다. 요나는 식물이 시들어 버린 상태에서 뜨거운 바람에 그대로 노출되어 버렸습니다. 그러자 분노가 다시 폭발했습니다. 그는 너무나 화가 난 나머지 스스로 죽기를 구했습니다.

지금 하나님은 요나를 깨우치기 위해 시청각 자료들을 사용하고 계십니다. 대개 어른들에게는 시청각 자료를 잘 쓰지 않습니다. 다 큰 어른들한테 식물 그림 보여 주고 벌레 보여 주고 바람소리 흉내내면 "애들 취급하냐?" 하면서 별로 좋아하지 않습니다. 그러나 어린이들에게는 벌레 한 마리만 보여 주어도 큰 효과가 있습니다. 벌레 한 마리만 잡아서 손바닥 위에 올려 놓고 보여 주어도 절로 은혜를 받지요.

요나는 박 넝쿨 하나에 굉장히 기뻐했습니다. 그러다가 벌레 한 마리 때문에 또 엄청나게 분노하고 있습니다. 이 그늘에 의지해서 40일을 버텨야 하는데 나쁜 벌레가 나타나서 갉아먹는 바람에 안식처가 없어져 버렸습니다. 그러자 죽고 싶을 만큼 큰 분노가 솟구쳤습니다. "이 나쁜 버러지야, 너 조상이 누구야? 그러니까 네가 버러지지. 평생 버러지 짓이나 해 먹어라!" 하면서 마구 화를 냈습니다.

사람들은 덥고 짜증스러울 때 "미치겠다"는 말을 쉽게 합니다. 현대인의 특징은 불편한 상태를 참지 못하는 것입니다. 예전에 누가 공중전화를 오래 쓴다고 사람을 찔러 죽인 사건이 있었습니다. 공중전화 쓸 때는 밖을 자꾸 살피면서 심상치 않다 싶으면 얼른 끊고 나와야지, 조금만 오래 통화하면 목숨까지 위태로운 세상이 되었습니다. 사람들은 모든 것이 편리하고 쾌적한 상태에서 대접받으며 지내고 싶어합니다. 그래서 날씨가 유난히 덥거나 일이 생각대로 풀리지 않으면 "미치겠다"면서 마구 화를 냅니다.

요나는 조금 전에 무엇 때문에 화를 냈습니까? 정의감 때문에 화를 냈습니다. 그의 분노는 거룩한 분노였습니다. 악한 자들은 쉽게 용서받으면 안 된다는 선지자다운 분노였습니다. 그런데 그는 불과 얼마 지나지 않아 한낱 벌레 한 마리에게 전보다 더 뜨거운 분노를 쏟아붓고 있습니다. 자기 것도 아닌 박 넝쿨을 씹어 먹었다고 "이 버러지 같은 놈!" 하면서 온갖 저주를 퍼붓고 있습니다. 따지고 보면 화낼 이유가 전혀 없는데 자기가 좀 불편하다고 화를 내는 거예요.

하나님이 요나에게 말씀하시는 것이 무엇입니까? "너는 조금 전에 거룩한 분노를 폭발시켰다. 네 말이 맞다. 악한 사람들은 쉽게 용서받으면 안 된다. 그런데 네가 그처럼 거룩한 분노를 표출할 정도로 정의로운 사람이라면, 어떻게 네 것도 아닌 박 넝쿨을 갉아먹었다고 해서 이 작은 벌레 한 마리에게 그렇게 분노할 수 있느냐? 네가 그렇게 수준 높은 사람이라면 이런 사소한 불편쯤은 뛰어넘어야 하는 것 아니냐? 어떻게 시시한 네 자신의 편의가 손상되었다고 해서 똑같은 분노를 퍼부을 수 있느냐? 결국 너의 분노라는 것은 네 기준에 따라 좌우되는 주관적인 것이 아니냐?"

하나님은 박 넝쿨과 벌레를 통해 정의에 대한 사람의 기준이 지극히 자기중심적이라는 사실, 자기 몸이 편하냐 불편하냐에 따라서 얼마든지 좌지우지될 수 있는 것이라는 사실을 보여 주셨습니다. 예를 들어 어떤 불의가 자기에게 유익이 되면 그럭저럭 견딜 만한 불의가 됩니다. 그러나 그 불의가 자기에게 직접 고통을 줄 때는 엄청나게 비판해 마땅한 불의가 됩니다. 그런 정의감을 과연 공정한 정의감이라고 할 수 있겠습니까?

하나님은 화가 나서 펄펄 뛰는 요나에게 물으셨습니다. "하나님이 요나에게 이르시되 '네가 이 박 넝쿨로 인하여 성냄이 어찌 합당하냐?' 그가 대답하되 '내가 성내어 죽기까지 할지라도 합당하니이다'"(4:9).

사람이 자기의 참모습을 보려면 스스로 남들을 어떻게 대하고 있는지 살펴보면 됩니다. 사람은 자기 상태가 좋지 못할 때 주변 사람들에게 화낼 핑계거리를 찾습니다. 그래서 작은 실수라도 찾아내면 엄청난 분노를 터뜨립니다. 왜 그렇게 분노를 터뜨립니까? 지금 자기 자신의 상태가 못마땅하기 때문입니다. 화낼 사람이 없으면 짐승들에게라도 화풀이를 합니다. 때로는 멀쩡한 성냥개비를 뚝뚝 부러뜨리기도 합니다.

사람들은 일이 자기 뜻대로 되지 않을 때 화를 냅니다. 자기 뜻대로 매사가 척척 맞아 돌아간다면 화낼 이유가 없습니다. 요나의 말 한마디에 박 넝쿨이 착 준비되고, 벌레가 자살해 버리고, 니느웨 성이 와르르 무너지고, 이스라엘로 돌아가는 교통편이 대기되었다면 얼마나 기뻤겠습니까? 그러나 세상일이 늘 자기 뜻대로만 움직일 수는 없습니다. 그러니까 화를 내고 짜증을 부리고 신경질을 내는 것입니다.

우리가 자주 잊어버리는 사실이 무엇입니까? 우리는 결코 절대자가 아니라는 것입니다. 우리는 티끌이요 한계를 가진 피조물입니다. 따라서 모든 것이 우리 뜻대로 되지 않는 것이 당연한 것입니다. 오히려 모든 일이 우리 뜻대로 움직이면 큰일이지요. 그래서 무슨 일을 할 때 내 수준에서 하나님의 뜻이라고 생각되는 것을 열심히 하되, 그것이 하나님의 뜻이 아니라는 판명이 났을 때에는 얼마든지 포기하고 물러설 수 있는 마음을 가져야 합니다. 그렇지 않으면 하나님의 뜻이 더 분명하게 나타났을 때 받아들이지 못하게 되고, 끝까지 하나님과 한판 붙어 보려고 초막을 짓고 기다리게 됩니다.

회사에서 바이어들과 협상이 잘 안 되어서 상관에게 야단을 맞았습니다. 속상해서 지하철을 타고 오는데 어디에 걸렸는지 옷이 죽 찢어졌습니다. 부글부글 끓는 마음으로 집에 들어서는데 개가 마구 짖어댑니다. 그럴 때 "너까지 내 속을 긁어?"하고 소리를 빽 지르지요. 그러나 "너까지"가 아닙니다. 그 개는 하나님이 나의 참모습을 보여 주기 위해 준비하신 거울입니다. '이 세상에 네 맘대로 안 되는 거 많다. 왜 모든 것이 너의 말 한마디에 따라 움직여야 되느냐? 네가 절대자냐? 네가 하나님이냐?'는 것입니다.

우리는 자기와 관련된 부분에서는 조그만 불편도 중요하게 취급합니다. 불법 유턴을 하다가 5만 원짜리 딱지라도 떼이면 핸들을 잡고 통곡을 해요. "주여, 어찌 이런 일이 있을 수 있습니까? 제가 지금 부흥회 설교하러 가는 길인데, 왜 이런 일이 일어나도록 허락하십니까?"하면서 화를 냅니다. 그러나 다른 사람들의 목숨이 왔다 갔다 하는 문제도 자기와 별 상관이 없으면 그렇게 심각하게 생각하지 않습니다. 그때 하나님이 하시는 말씀이 무엇입니까? "좀 부끄러운 줄 알아라. 이런 너희가 무슨 분노할 자격이 있느냐? 결국 너희들의 정의감이란 것도 너희 이익에 따라 좌지우지되는 것이 아니냐? 진짜 분노할 자격이 있는 이는 나다. 내가 용서하기로 작정했는데 왜 너희가 성을 내느냐?"

애들 붙잡고 "그렇지 않아도 살기 힘든데 왜 너까지 애를 먹이느냐?"고 소리지르지 마십시오. "너를 보니까 정신이 확 드는구나"라고 해야지, "너까지 나를 애먹이면 나는 어디로 가란 말이냐?"고 화를 내면 안 됩니다. 세상에는 우리 뜻대로 되지 않는 일이 아주 많습니다. 이런 사소한 불편들은 '아, 역시 나는 여호와의 종이구나'를 깨닫게 해 주는 소도구일 뿐입니다. 이런 사소한 불편에 매번 화를 내면서 항의의 기도를 퍼부으면 하나님이 이렇게 물으실 것입니다. "너의 성냄이 어찌 합당하냐? 성도들을 한번 돌아봐라. 뇌 수술 받을 사람 있지, 심장 수술 받을 사람 있지, 너보다 더 큰 문제를 안고 있는 사람들이 얼마나 많으냐? 그 사람들을 위해 한 번이라도 기도해 봤느냐? 너와 관계되는 일은 사소한 불편도 중요하고 너와 관계되지 않은 일은 큰 문제도 사소하게 여긴다면, 그것을 과연 온전한 정의감이라고 할 수 있느냐? 네가 정말 분노할 자격이 있다고 주장할 수 있느냐?"

정의를 뛰어넘는 하나님의 사랑

진정으로 분노할 자격을 가진 분은 하나님 한 분밖에 없습니다. 그래서 우리의 분노는 절대적인 분노가 되면 안 됩니다. 어떤 사람이 악한 짓을 할 때 "저 행동은 바람직하지 못하다. 저 행동은 비난받아야 한다"고 말하는 데서 그쳐야지, 그 사람의 인격 전체를 싸잡아서 "저런 인간은 망해야 한다"고 단정지으면 안 됩니다. 그것은 하나님만 판단하실 수 있는 부분입니다. 낱낱의 행동에 대해서는 가치판단을 내릴 필요가 있습니다. 그러나 사람 그 자체에 대해서는 판단을 유보해야 합니다.

하나님은 요나에게 말씀하십니다. "여호와께서 가라사대 '네가 수고도 아니하였고 배양도 아니하였고 하룻밤에 났다가 하룻밤에 망한 이 박 넝쿨을 네가 아꼈거든 하물며 이 큰 성읍 니느웨에는 좌우를 분변치 못하는 자가 12만여 명이요 육축도 많이 있나니 내가 아끼는 것이 어찌 합당치 아니하냐?'"(4:10-11)

요나는 자기 것도 아닌 일년생 풀을 아껴서 벌레가 그 풀을 씹어 버렸을 때 감당할 수 없는 분노를 느꼈습니다. 그는 하룻밤에 났다가 하룻밤에 없어지는 풀도 그렇게 아꼈습니다. 그렇다면 사람은 어떻습니까? 풀과는 비교할 수도 없을 만큼 소중한 존재 아닙니까? 하나님은 앗수르의 악인들을 사랑하셨습니다. 하나님은 깡패의 생명을 아끼십니다. 불량배들의 생명을 아끼십니다. 창녀들의 생명을 사랑하십니다. 우리가 집에서 곱게 키우는 난이나 귀한 화초와는 비교할 수도 없을 만큼 그들을 소중히 여기십니다.

요나가 가졌던 편견이 무엇입니까? '하나님은 이스라엘만 사랑하셔야 한다'는 것입니다. '이스라엘 백성이 아닌 사람들, 하나님을 모르는 악한 사람들은 얼마든지 망해도 좋다'는 것입니다. 그러나 하나님이 이스라엘 백성들을 사랑하신 이유가 무엇입니까? 하나님이 사랑할 이유가 없는 이스라엘 백성들을 그토록 사랑하신 것은 그들을 통해 이방인들도 담대히 그분 앞에 나아오게 하시기 위해서였습니다. 사람들은 자신의 마음이 옹졸하니까 하나님의 마음도 옹졸한 줄 압니다. '내가 하나님을 미워하니까 하나님도 나를 미워하겠지'라고 생각해요. 그래서 하나님은 수없이 실수하고 수없이 죄를 짓는 이스라엘 백성들을 무한히 용서하심으로써, 하나님을 반역하며 악하게 살아온 이방인들도 그 앞에 나아올 수 있음을 깨우치셨던 것입니다.

구약성경을 보면 하나님이 이방인들을 몰살시키시는 모습을 많이 볼 수 있습니다. 그러나 그것은 그들이 뉘우치지 않은 죄 때문에 심판하신 것으로서 마지막날에 있을 보편적인 심판을 예시하신 것이지, 이방인들이 무조건 미워서 그렇게 하신 것이 아닙니다.

오늘날 우리는 하나님이 우리만 사랑하시고 축복하셔야 한다, 예수 믿지 않는 사람들은 복 받을 가치도 없다는 오해를 하기 쉽습니다. 그러나 참으로 하나님의 은혜를 받고 나면 한 사람 한 사람이 다 소중한 존재로 보이기 시작합니다. 내가 내 욕심으로 상처를 주기에는 그들의 인격이 너무나 귀하고 그들의 행복이 너무나 소중하다는 사실이 눈에 들어올 때, 비로소 사람은 죄를 이기고 하나님이 주시는 사랑의 열매를 맺게 되는 것입니다.

하나님은 좌우를 분변치 못하는 어린아이들만 12만 명이 넘는다고 하십니다. 좌우를 분변치 못한다는 것은 왼쪽 오른쪽을 구별하지 못한다는 뜻입니다. 니느웨 성에는 옳고 그른 것은 고사하고 왼쪽 오른쪽도 모르는 어린아이들만 12만 명이 넘었습니다. 또 하나님은 이방인들의 자녀들뿐 아니라 그들의 재산도 소중히 여기셨습니다. 우리는 다른 사람의 재산을 하찮게 생각하기 쉽습니다. 그러나 내 재산이 소중한 만큼 다른 사람의 재산도 소중합니다. 내 시간이 소중한 만큼 다른 사람의 시간도 소중합니다. 내 인격이 소중한 만큼 다른 사람의 인격도 소중합니다. 내 감정이 소중한 만큼 다른 사람의 감정도 소중합니다. 하나님이 요나에게 말씀하고 계신 것이 무엇입니까? "너는 이 박 넝쿨 하나, 하룻밤에 났다가 하룻밤에 없어지는 풀 한 포기를 이렇게 아꼈지만, 나는 네가 그토록 망하기를 바라는 이 사람들, 어린아이들, 말 못하는 짐승들을 소중히 여긴다"는 것입니다.

하나님만이 분노할 수 있는 권리가 있습니다. 그 하나님이 분노하지 않고 참으시는데 우리 인간이 무슨 정의감을 내세우면서 사람들의 멸망을 요구할 수 있겠습니까?

오늘 우리는 토기장이 되신 하나님이 우리의 그릇을 넓히셔서, 우리 자신의 육체적인 편의에 집중되어 있는 사랑을 확대해 주시기를 기도해야 합니다. 우리는 사랑을 해도 굉장히 이기적인 사랑을 합니다. 그러면 하나님이 벌레를 보내셔서 내가 귀중히 여기는 것을 씹어 먹게 하실 것입니다. 내 시간을 이기적으로 아끼면 내 시간을 씹어 먹게 하실 것입니다. 내 취미를 이기적으로 아끼면 내 취미를 씹어 먹게 하실 것입니다. 내 돈을 이기적으로 아끼면 내 돈을 씹어 먹게 하실 것입니다. 그리하여 작은 이해관계에 울고 웃는 우리 자신의 모습을 보게 하실 것입니다.

우리는 다른 사람의 악한 행동에 일시적으로 분노할 수 있습니다. 그러나 사람 자체를 정죄해서는 안 됩니다. 아무리 악한 사람도 그 속에 존귀한 하나님의 형상을 가지고 있으며, 사랑받기 원하고 존경받기 원하며 용서받기 원하는 마음을 가지고 있다는 사실을 기억해야 합니다. 이 세상 사람들 중에 소중하지 않은 사람은 한 명도 없습니다. 이 세상 사람들 중에 불행해지기 위해 태어난 사람은 한 명도 없습니다. 신 불신을 막론하고 우리는 모두 행복한 삶을 살 권리가 있는 가치 있는 존재들입니다. 하나님은 한 사람 한 사람뿐 아니라 그들이 가지고 있는 사소한 것들까지 귀중히 여기십니다.

하나님이 원하시는 것이 무엇입니까? 우리 믿음의 형제와 자매들이 아무쪼록 선한 마음을 가져서 '나의 작은 것이 소중하다면 저 사람의 작은 것도 소중하다. 나의 명예나 인격이 소중하다면 저 사람의 명예나 인격도 소중하다. 내가 다른 사람에게 대접받기 원한다면 그 사람도 나에게 대접받기 원한다. 내 시간이 아까우면 다른 사람의 시간도 아깝다'는 마음으로 행하는 것입니다. 이 세상에 남에게 손가락질 당하고 욕 얻어먹기 위해서 태어난 사람은 한 명도 없습니다.

하나님이 우리의 그릇을 넓혀 주시도록 기도합시다. 그래서 아무리 악한 사람이라도 미워하지 않고 용서하며 사랑할 수 있도록 기도합시다. 그렇게 될 때 온전한 성령의 열매가 맺힐 줄 믿습니다.

소선지서 강해설교

요나: 박 넝쿨의 사랑
Expository Sermons on Jonah

지은이 김서택
펴낸곳 주식회사 홍성사
펴낸이 정애주
국효숙 김은숙 김의연 김준표 박혜란 손상범
송민규 오민택 임영주 차길환 허은

2003. 1. 17. 초판 발행   2014. 5. 15. 10쇄 발행
2022. 5. 2. 개정판 1쇄 인쇄   2022. 5. 11. 개정판 1쇄 발행

등록번호 제1-499호 1977. 8. 1.
주소 (04084) 서울시 마포구 양화진4길 3   전화 02) 333-5161   팩스 02) 333-5165
홈페이지 hongsungsa.com   이메일 hsbooks@hongsungsa.com
페이스북 facebook.com/hongsungsa
양화진책방 02) 333-5163

ISBN 978-89-365-1527-0 (03230)